INHALT

Pour faire les exercices du *Cahier d'activités*

Attention à l'accord de l'adjectif!	Achtet auf die Angleichung des Adjektivs!
Barrez les mots.	Streicht die Wörter durch.
Cherchez des arguments pour et contre.	Sucht Argumente dafür und dagegen.
Choisissez cinq objets.	Wählt fünf Gegenstände aus.
Cochez la bonne réponse / les bonnes solutions.	Kreuzt die richtige Antwort/die richtigen Lösungen an.
Complétez la grille.	Füllt die Tabelle aus.
Décrivez les dessins.	Beschreibt die Zeichnungen.
Discutez avec votre voisin / voisine.	Diskutiert mit eurem Nachbarn / eurer Nachbarin.
Ecrivez les phrases (l'histoire) au passé composé.	Schreibt die Sätze (die Geschichte) im *passé composé*.
Faites des phrases avec toutes les formes des verbes.	Bildet Sätze mit allen Formen der Verben.
Faites des phrases avec les éléments donnés.	Bildet Sätze mit den vorgegebenen Satzteilen.
Faites le portrait de	Erstellt das Porträt von ...
Lisez le dialogue (les phrases suivantes).	Lest den Dialog (die folgenden Sätze).
Mettez les photos dans le bon ordre.	Bringt die Fotos in die richtige Reihenfolge.
Mettez les phrases au passé composé.	Setzt die Sätze ins *passé composé*.
Prenez des notes.	Macht euch Notizen.
Racontez une histoire.	Erzählt eine Geschichte.
Relisez le texte.	Lest den Text noch einmal.
Répondez aux questions.	Beantwortet die Fragen.
Soulignez les bonnes solutions.	Unterstreicht die richtigen Lösungen.
Soulignez les terminaisons des infinitifs.	Unterstreicht die Infinitivendungen.
Trouvez l'ordre des phrases.	Findet die Reihenfolge der Sätze.
Trouvez des rimes.	Findet Reime.
Utilisez les mots suivants.	Benutzt die folgenden Wörter.

Bonjour!

Dieses *Cahier* wird euch in eurem 2. Französisch-Jahr mit *Tous ensemble* begleiten. Blättert doch mal darin, um zu sehen, was euch erwartet:

– Auf Seite 3 könnt ihr aufschreiben, was ihr euch für das neue Jahr in Französisch vornehmt und mit welchen Strategien ihr das angehen möchtet.
– Dann geht's los! Damit der Einstieg nach den Ferien nicht so schwer fällt, gibt es zuerst einige Wiederholungsübungen (S. 4–5).
– Wie schon im ersten *Cahier* endet jede Lektion mit zwei Seiten Selbstkontrollübungen (*auto-contrôle*, z.B. S. 13–14, 24–25, 38–39, mit denen ihr selbst überprüfen könnt, wie fit ihr seid.[1]
– „Das kann ich schon!": An drei Stellen im *Cahier*, nämlich nach den Lektionen 2, 4 und 7, schätzt ihr eure Fortschritte selbst ein. Wenn ihr in das Poster mit der Rakete Ariane eintragt, was ihr am besten könnt und was ihr noch üben wollt, wird euer persönliches Lernplakat daraus.

Und nun:

Hebt mit Tous ensemble 2 ab wie eine Rakete!

[1] Die Lösungen findet ihr ab Seite 94.

In *Tous ensemble 2* trefft ihr auf alte Bekannte …

LEÇON 3

… und lernt neue Freunde kennen!

LEÇON 6

LEÇON 7

LEÇON 1

LEÇON 5

LEÇON 4

LEÇON 2

Mit *Tous ensemble* ins zweite Französisch-Jahr!

Notiere hier deine Ziele für Französisch im kommenden Schuljahr:

In diesem Jahr möchte ich ... ______________________________

____

____

Französisch mit Methode!

In Band 1 von *Tous ensemble* hast du viele **Lerntipps und Strategien** für das Sprachenlernen kennen gelernt. Welche davon hast du bisher benutzt? Welche willst du in Zukunft mal ausprobieren? Kreuze an! Schreibe dann auf, mit welchen Strategien du bisher am besten zurechtkommst.

	Schon ausprobiert	Werde ich noch ausprobieren!
Neue Vokabeln ins (Vokabel-)Heft oder auf Karteikarten **schreiben** und schwierige Stellen mit **Farbe** markieren.	☐	☐
Nomen immer **mit dem Artikel** lernen!	☐	☐
Zu neuen Vokabeln etwas **zeichnen.**	☐	☐
Alle Wörter zu einem Thema in einem **Vokabelnetz** sammeln.	☐	☐
Beim Vokabellernen **auf und ab gehen.**	☐	☐
Sich **gegenseitig** Vokabeln **abfragen.**	☐	☐
Bekannte Vokabeln **regelmäßig** mündlich **wiederholen.** Die schwierigen oder vergessenen Wörter noch einmal aufschreiben.	☐	☐

Meine Erfolgsstrategie:

Wenn ich neue Vokabeln lernen will, dann ... ______________________________

____

Grammatik

	Schon ausprobiert	Werde ich noch ausprobieren!
Bei Übungen zur Grammatik im grammatischen Anhang (hinten im Buch) oder im Grammatischen Beiheft **nachschlagen.**	☐	☐
Ein **eigenes Grammatikheft** oder Karteikarten mit **selbst formulierten Regeln** und Beispielen anlegen.	☐	☐
Beim Aufschreiben von Grammatikregeln verschiedene **Farben** verwenden (z.B. rot = wichtig/schwierig, ...).	☐	☐
Sich **gegenseitig** Grammatikregeln **erklären.**	☐	☐

Meine Erfolgsstrategie:

Wenn ich neue Grammatik lernen will, dann ... ______________________________

____

Überlege, warum du mit manchen Strategien gut zurechtkommst und andere dir weniger helfen. Tauscht dann eure Erfahrungen in der Klasse aus.

W **Vous êtes prêts? Seid ihr schon fit?**

> **!** Die folgenden Aufwärmübungen könnt ihr bestimmt spielend bearbeiten. Wenn ihr etwas nicht mehr wisst, schlagt auf S. 94 nach.

1 Qu'est-ce qu'ils disent?

Cochez la bonne réponse.

1. *Charlotte:* Salut, Pierre!
   Pierre: Bonjour, madame! ☐
   Salut, Charlotte! ☐
   Bonjour, monsieur! ☐

2. L'école Gambetta, c'est où?
   C'est dans la rue de la Chine. ☐
   C'est un supermarché. ☐
   C'est super. ☐

3. *Vendeur:* C'est à qui?
   Cliente: Oui, c'est tout. ☐
   C'est à Paris. ☐
   C'est à moi. ☐

4. *Vendeuse:* Qu'est-ce que vous prenez?
   Client: Deux kilos de tomates, s'il vous plaît. ☐
   Oui, c'est tout. ☐
   Merci. Au revoir! ☐

5. Où est-ce que les copains vont faire la fête?
   Ils vont faire la fête samedi. ☐
   Ils vont faire la fête au club de roller. ☐
   Oui, ils font une fête. ☐

6. Quand est-ce qu'ils vont faire la fête?
   Ils vont faire la fête au collège. ☐
   Ils vont faire des quiches. ☐
   Ils vont faire la fête samedi. ☐

2 Des touristes à Paris

Complétez avec ***au, à la, à l', aux*** *et* ***du, de la, de l', des.***

1. A 9 h 30, les touristes vont ________ Centre Pompidou et ________ tour Eiffel. 2. Après la visite ________ quartier Gambetta, ________ parc Debrousse et ________ Sacré-Cœur, ils prennent des photos ________ peintres sur la place ________ Tertre. 3. ________ Samaritaine, ils vont ________ café et ________ toilettes. 4. A midi, ils rentrent ________ hôtel. 5. Là, ils regardent leurs photos ________ Centre Pompidou, ________ église Notre-Dame et ________ tour Eiffel.

3 Dans ma chambre

a *Répondez. Utilisez **son, sa, ses** et **mon, ma, mes**.*

1. Où est Amélie? Elle est ______________________

____

2. Qu'est-ce qu'elle fait? Elle met son pull, ______________

____

______________________ sur la table.

3. Elle explique: «Voilà mon ______________________

____

______________________________.»

b *Complétez avec **leur, leurs**.*

1. Les élèves regardent les photos de __________ fête.
2. Ils préparent un projet avec __________ classe.
3. Puis, ils font __________ devoirs d'allemand.

c *Complétez avec **notre/nos** ou **votre/vos**.*

4 C'est le week-end!

Trouvez les verbes français. Puis, complétez le dialogue avec les pronoms et les formes des verbes.

		machen (3x) ________	bleiben ________	gehen (2x) ________
tanzen gehen ________	haben ________	etwas anschauen ________	etwas anziehen ________	etwas hören ________

1. *Alice:* Alors, les filles, qu'est-ce qu' on __________ après le collège?
2. *Elodie:* Frédéric et moi, nous __________ au cinéma …
3. *Alice:* Et vous, Isabelle et Julie, qu'est-ce que __________?
4. *Isabelle:* Ben … Moi, __________ à la maison. __________ un film avec mon frère.
5. *Alice:* Bof … Et toi, Julie? __________ des CD à la maison, peut-être?
6. *Julie:* Mais non! Après le collège, __________ mes devoirs. Demain, on __________ une interro de français.
7. *Alice:* D'accord, les filles. __________ à la maison. Mais moi, __________ mon super T-shirt, et puis, __________ avec Marc! Salut!

LEÇON 1

d'abord

VOC 1 Les sports → nach d'abord, S. 10

Trouvez les sports dans la grille. Ecrivez les mots avec l'article défini.

A	V	O	L	L	E	Y	M	F	W	R
T	T	C	J	P	Y	I	O	C	Q	U
H	Y	A	U	I	C	Y	Q	B	J	G
L	N	N	D	N	B	F	O	O	T	B
É	A	O	O	G	S	K	I	H	Z	Y
T	T	Ë	A	–	I	D	A	N	S	E
I	A	W	V	P	K	U	R	Ï	U	K
S	T	S	M	O	W	P	O	A	R	T
M	I	T	E	N	N	I	S	É	F	M
E	O	K	S	G	E	K	O	V	O	L
L	N	V	O	I	L	E	F	Q	M	R

1. ____________
2. ____________
3. ____________
4. ____________
5. ____________
6. ____________
7. ____________
8. ____________
9. ____________
10. ____________
11. ____________
12. ____________
13. ____________

2 Qu'est-ce qu'ils font comme sport? *(G 1)* → nach d'abord, S. 10

a *Ecoutez et cochez les bonnes solutions. (Es sind mehrere Lösungen pro Zeile möglich.)*

Il / elle fait ...

1.	☐ de la voile	☐ du surf	☐ de la natation
2.	☐ du roller	☐ du VTT	☐ du ski
3.	☐ du ski	☐ du surf	☐ du rugby
4.	☐ du foot	☐ de la voile	☐ du volley
5.	☐ du judo	☐ du canoë	☐ de la danse

VOC **b** *Et vous, qu'est-ce que vous faites comme sport? Vous pouvez utiliser le dictionnaire (Wörterbuch).*

Au collège, je fais ______________________________ .

Je fais ______________________________ dans un club.

Pendant[1] les vacances, je fais ______________________________ .

3 Ils aiment le sport? *(G 1)* → nach d'abord, S. 10

*Complétez avec **du, de la, de l'**.*

1. Marine est à Saint-Malo. Là, elle fait ________ voile, ________ cheval et ________ surf.
2. Pierre passe ses vacances à Biarritz. Il peut faire ________ VTT, ________ volley et ________ natation.
3. Mathieu préfère rester à Paris. Il fait ________ athlétisme, ________ roller et ________ judo.
4. Frédéric adore les matchs. Il fait ________ tennis, ________ volley, ________ handball et ________ ping-pong.
5. Léna n'aime pas le sport. Mais elle adore faire ________ musique et ________ shopping.

1 **pendant** [pɑ̃dɑ̃] während

4 Au camp de vacances *→ nach Texteinführung*

a *Trouvez l'ordre des phrases.*

Dans leur tente, les garçons trouvent un maillot de bain de fille et une jupe.

Mais Patrick reste au camp. Le canoë, ça ne l'intéresse pas.

Ils commencent leur rando en canoë à dix heures.

Maxime et Sébastien regardent Patrick et Rémi …

Manon et Sophie arrivent à Saint-Martin avant Sébastien et Maxime.

1 Sébastien fait du camping à Pont d'Arc, dans un camp de vacances.

A la fin de la journée, les jeunes rentrent au camp de vacances.

Mardi matin, les jeunes vont faire du canoë.

b *Unterstreicht in jedem Satz zwei oder drei Schlüsselwörter und schreibt sie auf einen Zettel oder Karteikarten.*

Exemple: Sébastien – camping – Pont d'Arc

Erzählt die Geschichte anhand der Schlüsselwörter zunächst eurem Nachbarn, dann der Klasse.

5 A la cantine du camp *(G 3) → nach SB Ü 2, S. 12*

Soulignez les bonnes solutions (unterstreicht die richtigen Lösungen) et barrez les pronoms qui ne vont pas (streicht die falschen Pronomen).

1. *Maxime et Rémi:* Sophie, tu ~~te~~/nous cherches?

   Sophie: Non, non, je ne me/vous cherche pas. Je cherche Manon!

2. *Patrick:* Je voudrais un jus d'orange. Tu m'/vous invites?

   Maxime: Ah, très marrant! Non, je ne t'/nous invite pas. Je n'ai pas mon portefeuille.

3. *Marine:* La danse, ça m'/t' intéresse beaucoup. Et toi, Julie, ça m'/t' intéresse aussi?

   Julie: La danse, bof! Non, ça ne vous/m' intéresse pas trop.

4. *Manon:* Mais pourquoi est-ce que tu me/te regardes comme ça, David?

   David: Je ne peux pas t'/vous expliquer … Tu ne comprends vraiment pas?

5. *Les moniteurs*[1]*:* Tu nous/vous écoutes, Léa?

   Léa: Comment? Oh oui, je t'/vous écoute toujours!

1 **un moniteur** [ɛ̃mɔnitœʀ] Betreuer/Animateur in einem Ferienlager

6 Vouloir et pouvoir *(G 2)* → *nach SB Ü 3, S. 12*

a *Ecrivez les formes des deux verbes sur les cartes.*

vouloir

je
tu
il/elle/on
ils/elles
nous
vous

pouvoir

je
tu
il/elle/on
ils/elles
nous
vous

b *Faites des phrases avec toutes les formes (mit allen Formen) des deux verbes. Ecrivez-les dans vos cahiers.*

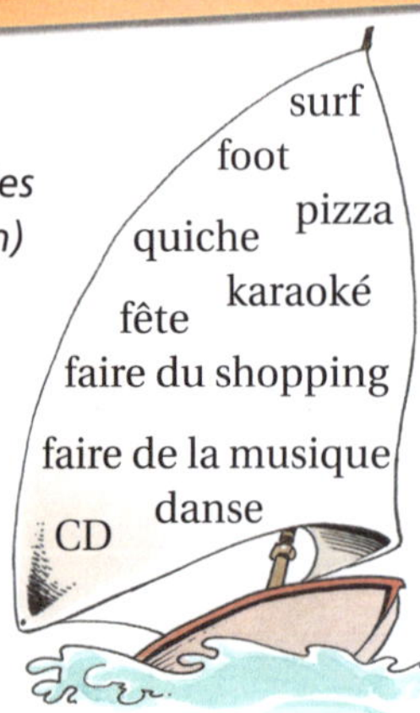

Exemples:
- Aujourd'hui, **nous voulons** rester au camp.
- **Je veux** aller au cinéma, mais **je** ne **peux** pas parce que c'est trop cher.
- A Saint-Malo, **les copains peuvent** faire du surf.

7 Après les vacances *(G 1)* → *an beliebiger Stelle*

Après ses vacances à Pont d'Arc, Sébastien rentre à Paris. Il y a beaucoup de messages sur son répondeur (Anrufbeantworter) ... *Ecoutez et complétez la grille.*

	C'est qui?	Il/elle est où?	Qu'est-ce qu'il (elle) fait comme sport?
1	C'est ...	à	du VTT et
2			
3			
4			

8 Le sport à l'école: C'est génial ou c'est nul? → *an beliebiger Stelle*

On se dit tout

Au secours, encore sport!
Moi, je déteste le sport. Dans mon collège, nous en faisons quatre heures par semaine. C'est trop, je trouve.
Muriel, 15 ans

Trop bien, le handball
Au collège, c'est trop bien quand on fait du handball.
Pendant les cours de sport, je n'ai pas de stress.
Anne-Laure, 13 ans

On n'a pas le choix!
Moi, je n'aime pas les jeux de ballon. Avec ma nouvelle prof de sport, on fait toujours du volleyball on du handball. C'est l'horreur! Moi, je préfère la gymnastique et la danse. Mais au collège, on ne peut pas faire son sport préféré. C'est dommage.
Aurélie, 14 ans

Le sport, c'est cool!
Pendant les heures de sport, on peut discuter avec les copains. Et ça, c'est cool.
Kevin, 15 ans

d'après Okapi (1 mars 2003)

Cherchez dans les textes des arguments pour et contre le sport au collège.

☺ C'est génial!	☹ C'est nul!
______________________	______________________
______________________	______________________
______________________	______________________
______________________	______________________

A vous: *Comment est-ce que vous trouvez le sport au collège?*
Complétez la liste des arguments et discutez.

9 Quand on veut, on peut. *(G 2) (Tandembogen im Annexe, S. 91)* → *nach SB Ü 3, S. 12*

10 Faites l'interprète. → nach SB Ü 4, S. 13

*Du bist mit einem Freund, der nicht Französisch spricht, in einem französischen Ferienlager. Ihr sprecht mit Alex, einem Animateur. Du vermittelst **sinngemäß**, was die beiden sagen.*

ton copain

Alex

toi

ton copain	toi	Alex
1. Fragst du bitte, was wir heute machen können?	1. Salut, Alex! Qu'est-ce qu'on ___	
	2. Also, wir können ___ Alex fragt, ___	2. Alors, vous pouvez faire de la voile. Ça vous intéresse?
3. Ach, ich weiß nicht. Ich segele nicht gerne.	3. Bof. Mon copain ___	
	4. Alex fragt, ob wir ___	4. Vous préférez faire du cheval?
5. Nein, ich habe keine Lust. Ich möchte lieber Mountainbike fahren.	5. Non, mon copain ___ Il ___	
	6. O.K. Wenn du willst, ___	6. D'accord. Si tu veux, tu peux faire du VTT aujourd'hui.
7. Das ist super.	7. ___	
	8. Und morgen ___ ___	8. Et demain, tu peux faire du tennis ou du volley. Ça t'intéresse?
9. Ich hasse Tennis, aber Volleyball spiele ich gerne.	9. Mon copain ___ ___	
	10. Also dann: Morgen ___ ___	10. Alors, demain à dix heures et demie, on va faire un match de volley. D'accord?
11. Ja, das ist cool. Einverstanden.	11. Oui, ___	

VOC **11** stratégie

Vom Vokabelnetz zum Text

→ nach SB Ü 7, S. 13

Wenn ihr freie Texte auf Französisch schreiben wollt, unterstützt euch die folgende Strategie. Probiert die drei Schritte einfach mal aus und schreibt eine kleine Geschichte. Lest eure Texte in der Klasse vor. Wer hatte die lustigste Idee?

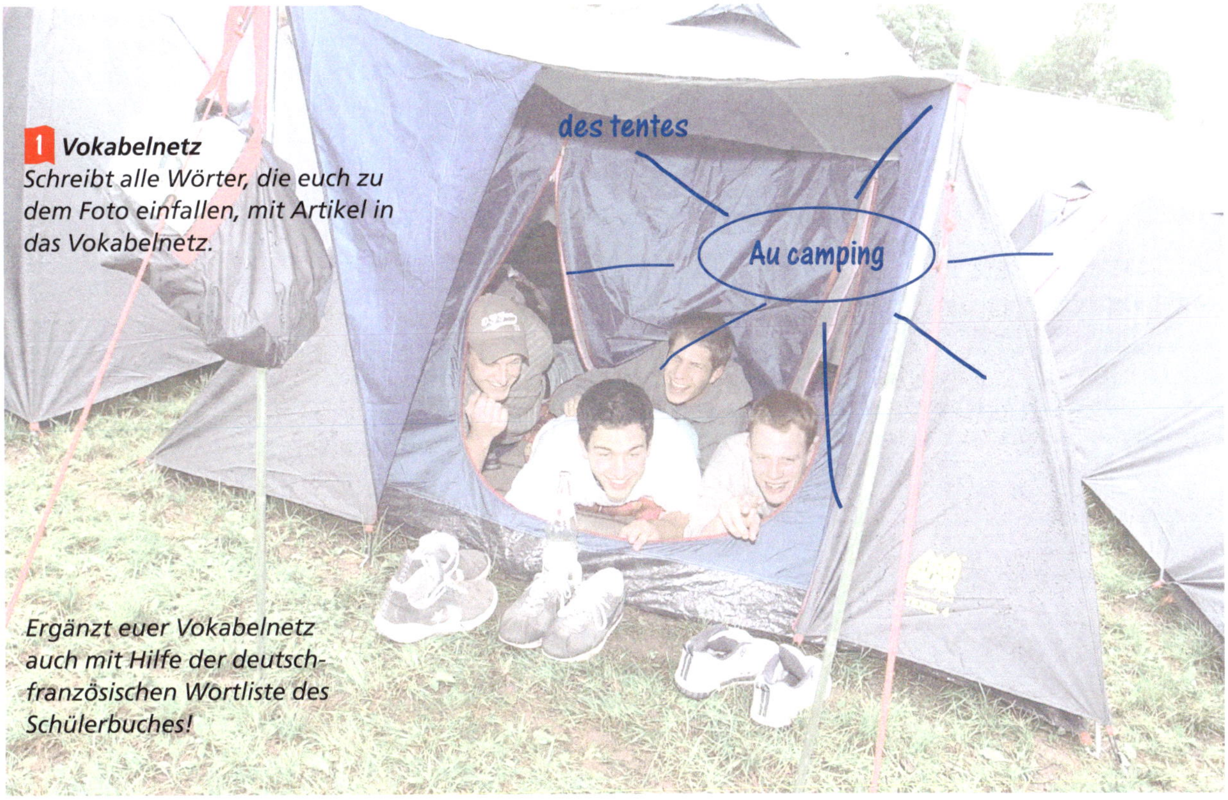

1 Vokabelnetz
Schreibt alle Wörter, die euch zu dem Foto einfallen, mit Artikel in das Vokabelnetz.

Ergänzt euer Vokabelnetz auch mit Hilfe der deutsch-französischen Wortliste des Schülerbuches!

2 Rahmen abstecken
*Wer kommt in eurem Text vor? Wo und wann findet die Handlung statt? Notiert **Namen**, **Orte** und **Zeitangaben**.*

1. ______
2. ______
3. ______

Exemple:
1. Qui? – Léa, ...
2. Où? – Au camping, ...
3. Quand? – Dimanche, à midi, puis ...

3 Text
Schreibt nun einen kleinen Text mit dem gesammelten Material.

Exemple:
Le canoë, c'est super!
Dimanche soir, Léa et ses copines arrivent au camping.
Elles ... Tout à coup, ...
Puis, ... A la fin, ...

1

12 Une superstar du foot → *an beliebiger Stelle*

a *Lisez le texte. Vous ne comprenez pas tout – ce n'est pas grave! Répondez aux questions.*

PORTRAIT DE THIERRY HENRY

Pays	France
Date de naissance	17 août 1977 (à Paris)
Taille	1 m 88
Poids	83 kg
Poste	Attaquant[1]
Club actuel	Arsenal de Londres

Titres
Champion d'Europe Junior en 1996
Champion de France en 1997
Champion du Monde en 1998
(meilleur buteur[2] de l'équipe de France)
Champion d'Europe en 2000
Champion d'Angleterre en 2002
Champion de la Coupe d'Angleterre en 2002

Clubs
INF Clairefontaine (1990–1992)
FC Versailles (1992–1993)
AS Monaco (1993–1998)
Juventus de Turin (1999)
Arsenal de Londres (1999–2006)

Il est comment, Thierry? Voilà ce que disent ses amis:

- «Thierry est un type très sympa. Il a beaucoup de copains.»
- «Il adore le foot et il adore son club, Arsenal. Et il adore sa copine, le top-modèle Nicole Merry.»
- «Thierry est un homme très sportif. Le foot est sa profession. Mais il fait aussi de l'athlétisme et du golf.»
- «Sa page Internet est très intéressante. Thierry aime surfer sur Internet.»
- «Thierry n'aime pas les fêtes. Faire la fête et boire de l'alcool, il trouve ça nul.»

1. Thierry Henry a quel âge?

____

2. Qu'est-ce qu'il aime?

____

____

3. Et qu'est-ce qu'il n'aime pas?

____

4. Dans quel club est-ce qu'il joue maintenant?

____

b A vous

Faites le portrait d'une star française (sport, musique, cinéma, ...) et présentez votre star en classe.

1 **un attaquant** [ɛ̃natakɑ̃] ein Stürmer
2 **un buteur** [ɛ̃bytœʀ] ein Torschütze

auto-contrôle

1 Qu'est-ce qu'on dit en français?

1. *Manon:* „Schaut mal. Man kann hier Leichtathletik machen. Interessiert euch das?"

____

2. *Patrick:* „Nein, das interessiert mich nicht. Ich spiele lieber Fußball."

____

3. *Sophie:* „In Méribel kann man Skifahren. Das finde ich cool."

____

4. *Maxime:* „Ich hasse Skifahren. Ich will meine Ferien in Pont d'Arc verbringen. Dort kann ich Kanu fahren."

____

____

5. *Malika:* „Kanu fahren? Nein, ich habe keine Lust. Ich spiele lieber Volleyball."

____

____

6. *Jean:* „Ich weiß nicht. Volleyball, das ist doch nichts. In Biarritz kann man segeln und surfen. Das ist toll!"

____

____

2 Vocabulaire

Complétez.

1. Jean passe ses ____________ à Biarritz. Il fait ____________  dans un camp de vacances. 2. A Arcachon, il p________ faire ____________ , ____________ , ____________  et ____________ . 3. Jean et ses copains v____________ faire ____________ . 4. Jean va dans la ____________  des garçons. 5. Il cherche son ________  et sa ____________ . 6. Mais il trouve un ____________  et une ________  !

1

3 Qu'est-ce qu'ils peuvent faire ensemble? *(G1, 2)*

Manon	Patrick	Sébastien	Maxime	Sophie	Julie
~~voile~~	athlétisme	roller	surf	handball	danse
roller	~~voile~~	canoë	ski	judo	cheval
danse	VTT	foot	rugby	natation	athlétisme
shopping	canoë	tennis	judo	ping-pong	natation

Exemple: Manon et Patrick peuvent faire de la voile ensemble.

1. Manon et Sébastien ______________________________

2. Patrick et Julie ______________________________

3. Sébastien et ______________________________

4. Maxime et ______________________________

5. Sophie et ______________________________

6. Julie et ______________________________

!

Tipp zur Selbstkontrolle:
Am Schluss bleiben zehn Aktivitäten übrig!

4 Vous me comprenez? *(G 3)*

Complétez avec ***me, te, nous, vous.***

1. *Charlotte:* Maxime! Patrick! Sophie __________ cherche.

2. *Maxime et Patrick:* Pourquoi est-ce qu'elle __________ cherche?

3. *Charlotte:* Elle veut faire du shopping avec vous. Ça __________ intéresse?

4. *Maxime:* Non. Moi, ça ne __________ intéresse pas. Et toi, Patrick, ça __________ intéresse?

5. *Patrick:* Oui, ça __________ intéresse beaucoup. C'est génial!

6. *Maxime:* Tu peux __________ expliquer pourquoi ça __________ intéresse? Faire du shopping, ce n'est pas marrant. Je ne __________ comprends vraiment pas.

7. *Charlotte:* Ecoute, Maxime! Je vais __________ expliquer. Patrick n'aime pas faire du shopping, mais il adore …

8. *Maxime:* Oh, non! Ce n'est pas vrai.

LEÇON 2

d'abord

1 L'enquête commence … *(G 4)* *→ nach d'abord, S. 16*

*Ecrivez les phrases **au passé composé**.*

Moi, j'ai ____________________ .
trouver le blessé

Et puis, tu ____________________ .
téléphoner à la police

Où est-ce que ____________________
trouver le blessé?
____________________ ?

On ____________________ .
trouver le garçon dans les rochers

Est-ce que vous ____________________ ?
commencer l'enquête?

Oui, nous ____________________
commencer l'enquête hier soir
____________________ .

2 En vélo: Saint-Malo – Cap Fréhel[1] *(G 4)* *→ nach d'abord, S. 16*

*Complétez **au passé composé** avec les verbes:*

rigoler – jouer – manger (2x) – commencer – discuter – regarder (2x) – chercher

Samedi, Yann et ses copains ont fait une rando en VTT. Dimanche, Yann raconte à sa copine Lucie:

«A neuf heures, nous ____________________ la rando à Saint-Malo. Luc et Christophe adorent le VTT, comme moi. A midi, nous ____________________ une boulangerie, puis nous ____________________ des sandwichs au bord de l'eau. On ____________________ du collège et de nos profs, et on ____________________ : Luc est trop marrant! Au Cap Fréhel, on ____________________ les rochers: Génial! Le soir, à Saint-Malo, on ____________________ des frites chez Christophe. Puis, Christophe et Luc ____________________ la télé, et moi, ____________________ aux cartes avec Marie, la sœur de Christophe …»

1 **Cap Fréhel** [kapfʀeɛl] – ca. 40 km westlich von Saint-Malo, Kap mit 70 m hohen, steilen Klippen

2 atelier A

VOC 3 Frédéric Moulin → nach SB Ü 1, S. 17

Faites le portrait de Frédéric Moulin. Complétez les phrases avec les expressions et les mots suivants:

grave | ne va pas bien | une dispute | aux jambes et au dos | a poussé Frédéric | volé les portables | à l'hôpital | des jeunes dans les rochers

1. Frédéric est ______________________________
2. Il ______________________________
3. Il a mal ______________________________
4. Mais ce n'est pas ______________________________
5. Samedi soir, il a rencontré ______________________________
6. Il y a eu ______________________________
7. Puis, un jeune ______________________________
8. Mais Frédéric n'a pas ______________________________

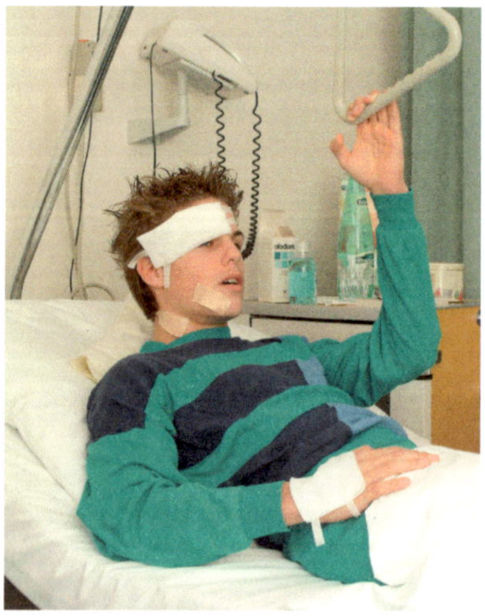

△ 4 L'histoire des portables *(G 3, 4)* → nach SB Ü 2, S. 18

Complétez les phrases avec ***me, te, nous, vous*** *et les formes du verbe* ***avoir****.*

a Au commissariat de police

– On ____________ volé nos portables!

– Et alors? Qu'est-ce qu'ils ____________ demandé?

b A l'hôpital

– Ils ____________ poussé!

– La commissaire ____________ interrogé à l'hôpital?

– Oui, elle ____________ posé beaucoup de questions …

5 Un cadeau supercool (G 4) → nach SB Ü 3, S. 18

a *Lisez le texte et soulignez les verbes.*

Samedi après-midi, Marie et Léa font du shopping à Saint-Malo. Marie trouve une casquette supercool pour l'anniversaire de son copain Gilles. Et tout de suite, elle met la casquette sur sa tête … Puis, les deux filles prennent leurs rollers et elles font une rando dans un parc. Mais tout à coup, elles rencontrent Gilles! Zut! Vite, Marie met la casquette dans son sac. Ouf! Elle a de la chance!

b *Ecrivez le participe passé des verbes.*

avoir: ______________

faire: ______________

mettre: ______________

prendre: ______________

c *Ecrivez l'histoire au passé composé dans vos cahiers.*

Samedi après-midi, Marie et Léa ont fait … ______________________________

6 Ça ne va pas bien. → nach SB Ü 4, S. 18

VOC **a** *Complétez.*

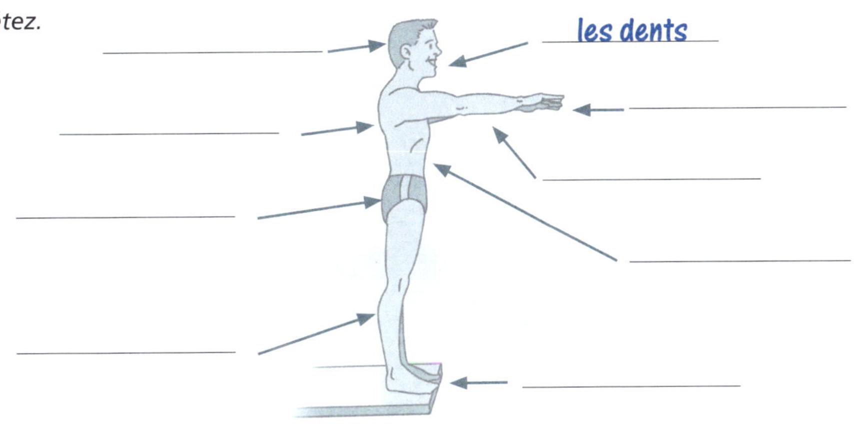

b *Où est-ce qu'ils ont mal? Complétez.*

7 Chez le médecin[1] → *nach SB Ü 4, S. 18*

Ecoutez les trois scènes et répondez:

SCENE 1

Qui est chez le médecin?

____

Où est-ce qu'il a mal?

____

Pourquoi est-ce qu'il a mal?

____

____

SCENE 2

Qui est chez le médecin?

____

Où est-ce qu'il a mal?

____

Pourquoi est-ce qu'il a mal?

____

____

SCENE 3

Qui est chez le médecin?

____

Où est-ce qu'elle a mal?

____

Pourquoi est-ce qu'elle a mal?

____

____

____

1 **le / la médecin** [ləmɛdsɛ̃] – der Arzt / die Ärztin

atelier B

8 C'est bizarre! *(G 5, 6)* *→ nach SB Ü 1, S. 19*

Verbindet die passenden Satzteile mit Linien und lest die Sätze laut vor. Schreibt sie dann in euer Heft.

1. L'ami de la vérité	est tombé	au bord de la mer vers neuf heures.
2. Frédéric et Anne	sont arrivées	un peu plus tard.
3. L'ami de la vérité	est allé	derrière un rocher.
4. Frédéric et Anne	sont arrivés	les portables.
5. Frédéric	est resté	dans les rochers.
6. Tout à coup, deux voitures	ont partagé	au bord des rochers.

9 Une visite au collège Robert Surcouf[1] *(G 5, 6)* *→ nach SB Ü 2, S. 19*

*Mettez les phrases **au passé composé**. Ecrivez dans vos cahiers.*

1. Vers minuit, un jeune va au collège Surcouf à Saint-Malo.

2. A une heure, il arrive devant la porte du CDI.

3. Il entre.

4. Il reste 15 minutes au CDI.

5. A une heure et quart, il rentre.

6. Tout à coup, une voiture arrive. Zut! L'ordinateur tombe!

1 **Robert Surcouf** (1773–1827) [ʀɔbɛʀsyʀkuf] – berühmter Pirat aus Saint-Malo. Nach ihm wurde ein *Collège* benannt.

2

10 Où est la photo? → *an beliebiger Stelle*

VOC Au collège, Marine veut montrer la photo de Simon à ses copines.
Mais elle ne trouve plus la photo dans son sac …

1. Marine: «On m'a ____ ma photo!»
2. Marine ne veut pas rentrer à la maison ____ la photo de Simon.
3. M. Fischer, le prof d'allemand, parle à sa ____, Mme Carré.
4. Maintenant, les profs cherchent aussi la v____!
5. Ils ____ les élèves de la classe de Marine.
6. Marine ne comprend pas: C'est vraiment ____!
7. Enfin, elle trouve une ____ anonyme dans son sac …

Qui a pris la photo? – C'est _ _ _ _ _ _ _!

11 Au bord de la mer *(G 4, 5, 6)* → *nach SB Ü 3, S. 19*

a *Trouvez les verbes qui vont avec **être** au passé composé (Verben, die das **Passé composé** mit **être** bilden).*

b *Complétez avec les formes du **passé composé**.*

Samedi soir, Hervé et son copain Théo ____ (aller) dans les rochers de Saint-Malo. Leurs copines Malika et Gaëlle ____ (arriver) un peu plus tard. Hervé et Malika ____ (nager) ensemble, et Gaëlle ____ (préparer) le pique-nique avec Théo. Ils ____ (manger) au bord de la mer. Mais tout à coup, Martin ____ (arriver). Une dispute ____ (commencer). Et puis, Martin ____ (pousser) Gaëlle. Elle ____ (tomber) à l'eau!

Hervé: «Eh Martin! Pourquoi est-ce que tu ____ (faire) ça?»

Martin: «Et vous? Pourquoi est-ce que vous ____ (prendre) mon CD-ROM?»

Puis, Gaëlle ____ (rentrer) à la maison avec Hervé. Malika et Théo ____ (rester) là pour discuter avec Martin …

12 Les vacances commencent mal … (G 4, 5, 6) → nach SB Ü 3, S. 19

Racontez l'histoire au passé composé. Ecrivez au moins dix phrases dans vos cahiers.

1 les Martin – passer leurs vacances – à Saint-Malo – visiter la Bretagne

2 lundi – vers midi – manger dans une crêperie[1] – rester une heure et demie

3 aller à la voiture – on – voler – leur voiture!

4 les Martin – aller au commissariat – le commissaire – téléphoner à son collègue

5 agent de police – raconter: «je – trouver un jeune / il – voler – voiture – des Martin / il – aller trop vite / voiture – tomber – dans les rochers»

6 les Martin – rester une semaine – à Saint-Malo – sans voiture – samedi – rentrer en train[2] à Paris

VOC 13 C'est vous, le commissaire! → nach SB Ü 4, S. 19

Regardez encore une fois le dessin numéro 5 de l'exercice 12 et complétez avec les prépositions. Puis, lisez le dialogue à deux.

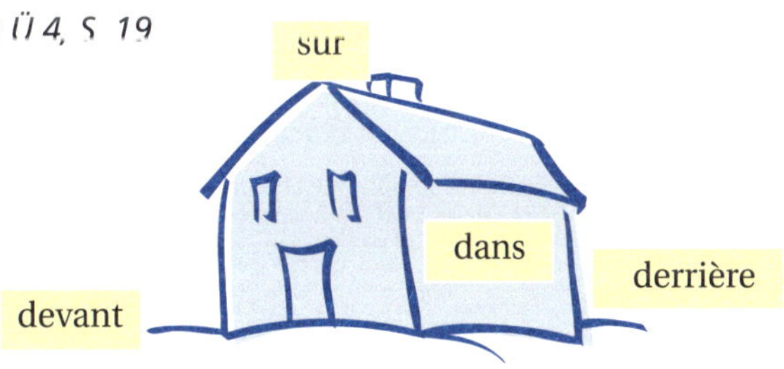

Le commissaire téléphone à son collègue, et il a beaucoup de questions …

Le commissaire: Tu es où?

L'agent de police: Je suis ________________ blessé.

Le commissaire: Et où est le blessé?

L'agent de police: Ben, il est ________________ la voiture!

Le commissaire: Et la voiture, où est-ce qu'elle est?

L'agent de police: Elle est ________________ les rochers.

Le commissaire: Où sont les sacs des Martin?

L'agent de police: Ils sont ________________ la voiture!

Le commissaire: Et qu'est-ce qu'il y a ________________ la voiture?

L'agent de police: Ben … il y a la mer! Il a eu de la chance!

1 **une crêperie** [ynkʀɛpʀi] bretonisches Restaurant, in dem man süße und herzhafte Crêpes bekommt – 2 **en train** *(m.)* mit dem Zug

14 La commissaire a compris. → *nach SB Ü 1, S. 20*

*Répondez **au passé composé**. Vos réponses donnent un résumé du texte C «Enfin la vérité».*

1. Qui a volé les portables?
2. Quand est-ce qu'Anne a retrouvé Alex dans les rochers?
3. Qui est arrivé un peu plus tard?
4. Pourquoi est-ce qu'il y a eu une dispute entre Frédéric et Alex?
5. Qu'est-ce qu'Alex a fait?
6. Pourquoi est-ce qu'Anne et Alex ont laissé Frédéric dans les rochers?
7. Qu'est-ce qu'ils ont fait?
8. Pourquoi est-ce qu'Anne a téléphoné au commissariat?
9. Qui est «l'ami de la vérité»?

1. ______________________________

____

2. ______________________________

____

3. ______________________________
4. ______________________________
5. ______________________________
6. ______________________________

____

7. ______________________________
8. ______________________________
9. *L'ami de la vérité, c'est …* ______________________________

____

15 Des problèmes au collège … *(G 7, 8)* → *nach SB Ü 4, S. 21*

Au collège Surcouf, à Saint-Malo, les profs et les élèves ne sont pas toujours d'accord. Ecrivez les réponses avec ***ne … pas, ne … pas encore, ne … rien****.*

Mme Carré: Alors, Frédéric, qu'est-ce que tu as fait en allemand?

Frédéric: Je ______________________________

M. Martin: Anne, tu es déjà allée chez la documentaliste?

Anne: Non, monsieur, je ______________________________

M. Dupont: Eric, pourquoi est-ce que tu as poussé Naomie?

Eric: Je ______________________________

Mme Duchemin: Alex, tu as fait ton exercice de maths?

Alex: Non, madame, je ______________________________

M. Durand: Vous avez tout compris?

Tom: Non, monsieur, nous ______________________________

Mme Pradel: Paul, Vincent et toi, vous avez déjà installé l'ordinateur?

Paul: Non, nous ______________________________

VOC 16 Qui vole? C'est le voleur! → *an beliebiger Stelle*

Trouvez les verbes qui vont avec les noms. Puis, faites une phrase avec le verbe ***au passé composé****.*

un voleur voler	▶ Alex a volé les portables avec Anne.
une interrogation ______	▶ ______________________________
le téléphone ______	▶ ______________________________
le surf ______	▶ ______________________________
la panique ______	▶ ______________________________
une visite ______	▶ ______________________________
une recherche chercher	▶ ______________________________

2 auto-contrôle

1 Qu'est-ce qu'on dit en français?

*Manche Wörter und Ausdrücke könnt ihr nicht wörtlich ins Französische übersetzen: Achtet beim Übertragen der folgenden Sätze vor allem auf die **fett gedruckten Wörter**.*

1. Die Kommissarin **frühstückt** um 8 Uhr.

____

2. Heute **beginnt** sie mit der Ermittlung.

____

3. Sie **notiert** die Telefonnummer von Alex.

____

4. Ein wenig später telefoniert sie **mit** Alex.

____

5. [Mme Le Gall:] „Guten Tag! Ich will (dich) nicht stören, aber …"

____

6. [Alex:] „Was wollen Sie?"

____

7. [Mme Le Gall:] „Es ist **wegen der** Handys. Wer hatte die Idee, **die Handys zu stehlen**? Du, Alex?"

____

____

8. [Alex:] „Das stimmt nicht! Ich habe **nichts** gemacht!"

____

9. [Mme Le Gall:] „Was erzählst du [denn] da? Hör auf, Alex!"

____

2 Vocabulaire

Complétez avec les noms et les verbes conjugués.

1. Paul et Michel ont _______________ des sacs à des touristes.
2. Mais Michel ne veut pas _______________ …
3. Alors, ils ont une _______________.
4. Puis, Paul fait une lettre _______________ pour la police.
5. Dans la lettre, il _______________ son ami.
6. La police _______________ Michel.
7. Et le commissaire montre la _______________ à Michel.
8. Enfin, Michel raconte la _______________ au commissaire.

interroger
vérité
voler
anonyme
accuser
partager
dispute
lettre

3 Le passé composé *(G 4, 5, 6)*

Soulignez les verbes au présent. Puis, écrivez les pronoms avec les verbes ***au passé composé****.*

1. On trouve un blessé dans les rochers.	on a trouvé ____________
2. La commissaire Le Gall commence l'enquête.	elle ____________
3. Madame Le Gall va à l'hôpital et elle interroge Frédéric Moulin.	elle ____________
	elle ____________
4. Frédéric raconte l'histoire à la commissaire:	il ____________
5. «Samedi soir, je rencontre Anne et Alex dans les rochers.	j' ____________
6. Nous discutons et il y a une dispute entre Alex et moi.	nous ____________
	il ____________
7. Tout à coup, des voitures arrivent.	elles ____________
8. Je prends le sac avec les portables.»	j' ____________
9. Puis, Alex pousse Frédéric dans les rochers.	il ____________
10. Anne et Alex rentrent à la maison.	ils ____________
11. Ils laissent Frédéric dans les rochers.	ils ____________

4 Ne … rien, ne … pas encore, ne … plus *(G 7, 8)*

Faites des phrases avec les éléments donnés.

1. Alors, toi, tu as volé les portables.	je	pas	volé	n'	les portables.	Non,	ai		
2. Qu'est-ce que tu as fait dans les rochers?	fait	rien	n'	les	rochers.	ai	dans	Je	
3. Pourquoi est-ce que tu as poussé Frédéric?	pas	Frédéric.	ai	Je	poussé	n'			
4. Tu es déjà allé à l'hôpital?	à	l'	Je	pas	hôpital.	suis	allé	ne	encore
5. Qu'est-ce que tu as fait dans la chambre de Frédéric?	dans	Je	ai	sa	fait	chambre.	n'	rien	
6. L'ami de la vérité, c'est toi, non?	Je	ne	l'ami	pas	la vérité.	de	suis		

1. ____

2. ____

3. ____

4. ____

5. ____

6. ____

Wie schätzt du deine Kenntnisse in Französisch im Moment ein? Kreuze die passende Spalte an.
Wenn du nicht sicher bist, teste dich mit den rechts beschriebenen Übungen. Für einige Übungen brauchst du einen Partner.

Ich kann …	Klappt super!	Muss ich noch üben!	Teste dich durch folgende Übungen:
Hören			
1. … Arbeitsanweisungen im Unterricht verstehen und darauf reagieren.			Ⓐ spielt den Lehrer und gibt drei französische Anweisungen, z.B. aus dem Schülerbuch S. 195, Ⓑ tut, was Ⓐ sagt. Tauscht dann die Rollen.
2. … kurze, deutlich gesprochene Hörtexte mit bekannten Wörtern und Redewendungen verstehen.			Hört bei geschlossenen Büchern den Text 2 C: «Enfin la vérité». Anschließend erklärt ihr eurem Partner auf Deutsch die Auflösung des Krimis.
Miteinander sprechen			
1. … mich in typischen Unterrichtssituationen auf Französisch verständigen.			Ⓐ fragt Ⓑ, was „Mäppchen" auf Französisch heißt. Ⓑ hat die Frage nicht verstanden und bittet Ⓐ, sie zu wiederholen.
2. … über Ferien, Sport und andere Freizeitaktivitäten sprechen.			*Cahier d'activités* (= CdA) S. 13, Ü. 1 Falls ihr sie schon bearbeitet habt, verdeckt die Lösungen mit einem Blatt Papier und wiederholt die Übung.
3. … sagen, dass ich einen Vorschlag gut oder schlecht finde.			CdA S. 10, Ü. 10: Faltet ein Blatt Papier so, dass es die mittlere Spalte der Übung abdeckt und wiederholt die Übung mündlich.
4. … über Ereignisse in der Vergangenheit zusammenhängend berichten.			Erzählt euch gegenseitig, was ihr gestern gemacht habt.
5. … sagen, wenn mir etwas weh tut / wo es mir weh tut.			Ⓐ tut, als hätte er Schmerzen: Er hält sich z. B. den Arm. Ⓑ fragt: «Tu as mal au bras?». Jeder kommt dreimal dran.
Lesen			
1. … zum Verstehen von Wörtern und Texten auch andere Informationen, z.B. Bilder nutzen.			Schülerbuch (= SB) S. 24–25: Findet die deutschen Wörter für *Mardi gras, le printemps, la Pentecôte, l'été, l'automne, l'hiver, Noël!*
2. … unbekannte französische Texte überfliegen und sagen, worum es geht.			Seht die Fotos auf S. 31 eures Buches an, lest den Titel und und überfliegt den Text: Worum geht es in der Geschichte?
Schreiben			
1. … die Akzente im Französischen richtig benutzen: é, à, ê, ç.			Ⓐ schreibt den Brief aus SB S. 19 bis „discuté" ab und „vergisst" dabei alle Akzente. Ⓑ setzt sie ein. Ⓐ kontrolliert. Dann umgekehrt für den Rest des Briefes.
2. … Bilder in kurzen Sätzen beschreiben.			SB S. 22: Schreibt fünf Sätze zu der Zeichnung.
3. … auf eine SMS reagieren oder in einer persönlichen Postkarte ein Erlebnis schildern.			SB S. 29, DELF-Übung «SMS et carte postale».

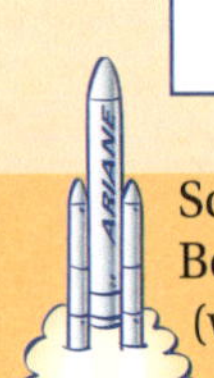

Schau dir an, wo du welche Spalte angekreuzt hast. Was kannst du besonders gut? An welchem der vier Bereiche möchtest du in den kommenden Wochen noch arbeiten? Und wie möchtest du das angehen? (welche Übungen machen, welche Strategien ausprobieren, …?)
Trage deine größten Stärken und deine Ziele in die Rakete Ariane (⟶ Heftende) ein.

LEÇON 3

d'abord

VOC **1 Les vêtements et les couleurs** *(G 9)* → *nach d'abord, S. 30*

Complétez.

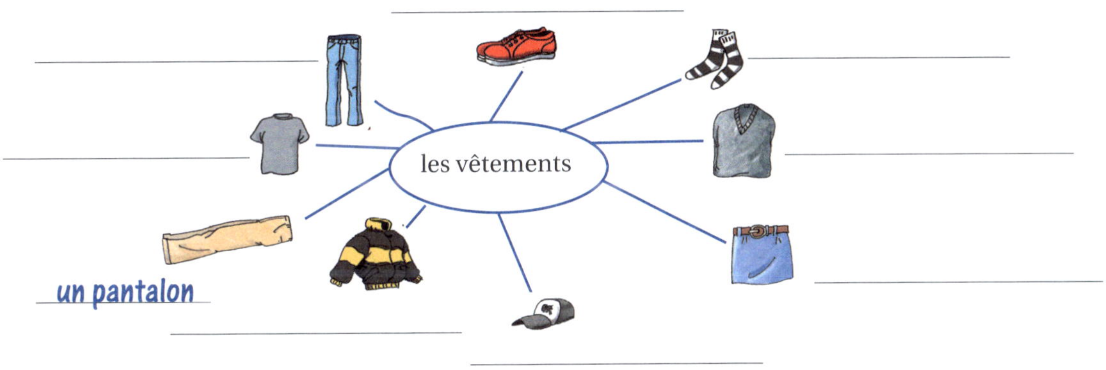

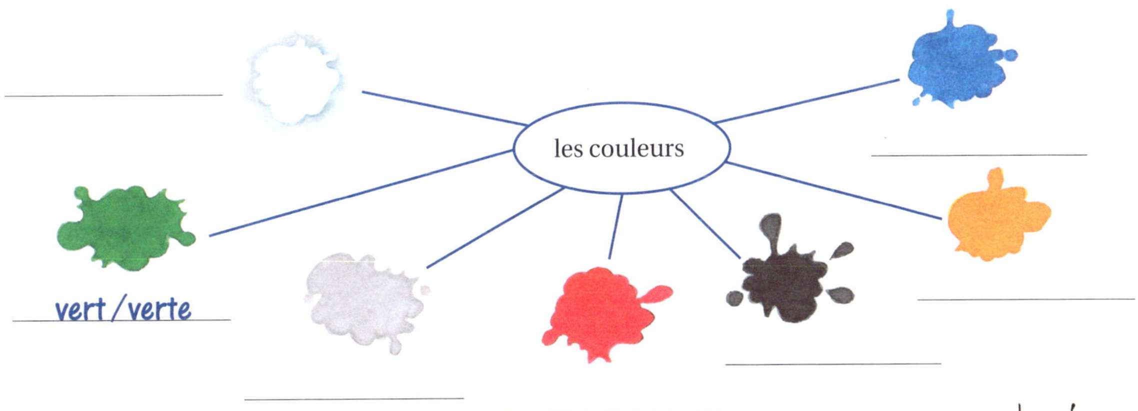

«Rouge» und «jaune» haben nur eine Form, egal ob das Nomen männlich oder weiblich ist. Ganz schön praktisch!

2 Qu'est-ce que Christine a acheté? *(G 9)* → *nach d'abord, S. 30*

Complétez la phrase avec les noms et les adjectifs.

Christine a fait du shopping. Elle a acheté

un pull rouge, ______________________

____

____

____

atelier A

3 Questions – réponses → *nach Texteinführung*

Trouvez les réponses … et la solution.

1. **Qu'est-ce que** Charlotte et Marine font samedi après-midi?
2. **Pourquoi est-ce qu'**elles font du shopping?
3. **Où est-ce que** Charlotte et Marine vont?
4. Devant le magasin, elles rencontrent une fille avec une robe blanche. **Qui est-ce?**
5. **Est-ce que** Léa est leur copine?
6. **Qu'est-ce que** Charlotte et Marine essayent chez Miss Eighty?
7. **Comment** sont les chaussures?
8. **Que** font les deux copines à la fin?
9. **Quand est-ce que** Charlotte et Marine vont mettre leurs chaussures?

Les chaussures sont rouges et elles ne sont pas chères.	n
Elles vont mettre leurs chaussures pour l'école.	s
Elles font du shopping.	v
Non. Charlotte et Marine n'aiment pas Léa.	m
Elles vont chez Miss Eighty.	t
Elles achètent les Dadidas.	t
Elles essayent des chaussures.	e
C'est Léa Mercier.	e
Parce que c'est la semaine des soldes.	ê

Solution:

v								
1	2	3	4	5	6	7	8	9

VOC

4 Mon vêtement préféré, c'est mon jean bleu. *(G 9)* → *nach SB Ü 3, S. 32*

a *Faites la liste de vos vêtements préférés (Lieblingsklamotten).*

Mes vêtements préférés, ce sont ______________________________

____

b *Et les vêtements préférés de vos camarades? Posez des questions:*

Exemple: «Nico, ton vêtement préféré, qu'est-ce que c'est?» → «C'est mon pantalon noir.»

c *Ecrivez trois réponses dans votre cahier.*

Nico aime (adore / aime beaucoup) son pantalon noir. ______________________________

5 Une idée géniale *(G 9, 10)* → *nach SB Ü 5, S. 32*

Complétez. Attention à ***l'accord de l'adjectif!***

Pierre et Marine sont dans la chambre de Marine. Ils écoutent le CD de Manu Chao. Manu chante sa chanson ______ (génial) «Je ne t'aime plus …». Pierre et Marine cherchent un cadeau ______ (marrant) pour l'anniversaire de Nicolas. Mais ils ne trouvent rien. Ils sont déjà très ______ (énervé) …

Pierre: Nicolas adore les histoires ______ (marrant), non? On achète une BD d'Astérix?

Marine: Oh non! Encore une BD! C'est ______ (nul).

Pierre: Bon alors, maintenant, j'ai une idée ______ (fantastique): on invite Nicolas au concert[1] de Manu Chao à Paris!

1 **le concert** [ləkõsɛʀ]

Marine: Trois places de concert[1] sont trop ______________ (cher) pour nous! Encore une idée ______________ (idiot)!

Pierre: Arrête, Marine. Tu es trop ______________ (énervé).

Marine: O.K., pardon. Alors, maintenant, j'ai une idée ______________ (sympa)! On achète un T-shirt ______________ (blanc), et puis, on met des photos ______________ (marrant) des copains au dos du T-shirt!

Pierre: Enfin une idée ______________ (intéressant)! Ça, c'est un cadeau ______________ (génial), Marine!

6 Qu'est-ce que vous voyez? *(G 11)* *→ nach SB Ü 6, S. 32*

a *Ecrivez les formes du verbe **voir**.*

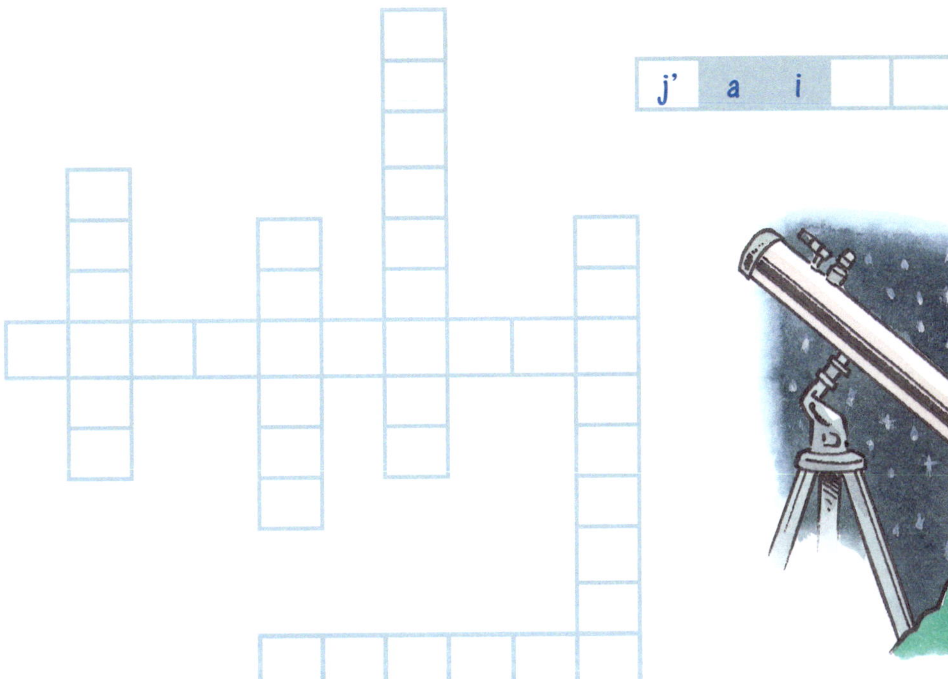

b *Complétez avec les formes de **voir** au présent.*

– Tu ______________ le garçon avec le jean noir?

– Non, je ne ______________ pas … Ah oui! Mais c'est Simon!

– Vous ______________ l'hôpital, là-bas? La station de métro est à côté!

– Mais non, nous ne ______________ rien.

Laurent et Hugo ______________ Léa dans la rue.

Mais Léa ne ______________ pas les garçons …

1 **une place de concert** – eine Eintrittskarte fürs Konzert

atelier B

7 Nouveau, mais pas génial → *nach Texteinführung*

a *Ecoutez le texte 3 B. Soulignez (unterstreicht) les mots et les expressions qui sont dans le texte. Barrez (streicht durch) les mots qui ne sont pas dans le texte.*

Charlotte – au collège – dans sa chambre – faire ses devoirs – mettre son nouveau CD – mettre ses nouvelles chaussures – minijupe verte – rollers – jean noir – grand T-shirt – chaussettes rouges – petit pull noir – nouvelle casquette – Julie – chaussures de superstar – chaussures de clown – petite peste

b *Dans la chambre de Charlotte … Racontez la situation avec les mots soulignés.*

Charlotte ____________________

____

____

____

____

Pour Julie, les chaussures rouges sont ____________________

Et pour Charlotte, Julie est ____________________

8 Au magasin de sport *(G 12)* → *nach SB Ü 2, S. 33*

Complétez avec ***ce, cet, cette, ces.***

Léa et Simon font du shopping.

Léa: Regarde, Simon! Elles sont belles __________ chaussures de sport, non?

Simon: Bof, je n'aime pas trop. Et puis, je cherche un pantalon.

Léa: Mais regarde! __________ anorak rouge, il est fantastique! Et tu as vu le prix?

Simon: D'accord. Mais je veux un pantalon, Léa! Tu comprends? Un pantalon!

Léa: Bon alors, __________ jean noir?

Simon essaye …

Simon: Super! Il me va bien. D'accord, j'achète __________ pantalon! Et puis … je prends aussi __________ chaussettes pour le foot.

Léa: On a encore deux minutes, Simon? Alors moi, je vais vite essayer __________ minijupe de tennis!

9 Au marché aux puces (G 9, 10, 12) → nach SB Ü 2, S. 33

Qu'est-ce que les jeunes peuvent dire (sagen)?
Choisissez six objets et faites des phrases ***avec des adjectifs*** *et avec* ***ce, cet, cette, ces****.*

1. Regarde ce T-shirt de Paris! Il est marrant, non?
2. Ces chaussures, elles sont …
3. ______
4. ______
5. ______
6. ______

10 Bon appétit! (G 14) → nach SB Ü 4, S. 34

Complétez les phrases avec ***petit*** *ou* ***grand****. Attention à l'accord de l'adjectif!*

Ce soir, Charlotte reste à la maison avec sa ______ sœur Julie. — petit

Leurs parents vont dans un ______ restaurant[1]. Ils regardent la carte. — petit

Comme toujours, M. Garnier a un ______ appétit, et il prend d'abord une — GRAND

______ salade de riz avec des ______ tomates. — GRAND / petit

Mme Garnier, elle, a seulement une ______ faim. Elle prend une — petit

______ salade verte. Le garçon apporte deux ______ bouteilles d'eau — petit / petit

… et une ______ bouteille de Bordeaux[2]. Puis, M. et Mme Garnier prennent deux — GRANDE

______ poulets à l'orange. Comme dessert, ils partagent une ______ glace à l'ananas. Mmm, c'est bon! — petit / GRAND

1 **un restaurant** [ɛ̃ʀɛstɔʀɑ̃]
2 **Bordeaux** [bɔʀdo] – *hier:* Wein aus Bordeaux

Et à la fin, ils demandent deux ______________ cafés noirs. **petit**

Tout à coup, le portable de M. Garnier sonne.

M. Garnier: «Oh non! C'est Julie … et Charlotte!» – «Allô! Qu'est-ce qu'il y a, les filles?»

Julie: «Papa! On a eu une __________ dispute. Charlotte ne veut pas regarder Astérix à la télé!» **GRANDE**

Charlotte: «Arrête, ______________ peste!» **petit**

11 Facile! Qui est-ce? *(G 13)* *→ nach SB Ü 5, S. 34*

Complétez les formes de ***beau*** *et de* ***nouveau****. Puis, écrivez les phrases et trouvez la solution.*

a

1. Elle habite dans un …
2. Elle a une …
3. Elle aime les …
4. Elle prend des …
5. Elle a un …

beau | belle | beaux | bel | ______

chambre.
photos.
appartement à Paris.
chien, Léo.
vêtements.

1. ____
2. ____
3. ____
4. ____
5. ____

C'est qui? C'est ______________ .

b

1. Elle téléphone avec son …
2. Elle aime les …
3. Et elle adore ses…
4. Elle va au cinéma avec son …
5. Elle donne sa

nouveau | ______ | ______ | ______ | ______

portable.
adresse e-mail à ses copains.
vêtements.
ami, Simon.
chaussures rouges.

1. ____
2. ____
3. ____
4. ____
5. ____

Et ici, c'est qui? C'est ______________________ .

12 Cherchez l'intrus. → an beliebiger Stelle

a *Un mot ne va pas avec les autres (passt nicht zu den anderen). Barrez ce mot.*

VOC **b** *Puis, trouvez un autre mot comme dans l'exemple.*

une jupe	une chaussette	~~un cinéma~~	un pantalon	un T-shirt
cool	sympa	génial	moche	________
bleu	noir	rouge	marrant	________
ce	cet	cher	ces	________
salut	cet après-midi	mardi	hier	________

13 C'est la mode en ce moment! (G 9, 13, 14) → nach SB Ü 5, S. 34

Regardez les photos et décrivez (beschreibt) les vêtements des jeunes.
*Attention à la **place** et à l'**accord** de l'adjectif!*

Marc a mis ...	Lisa porte ...	Sophie porte ...
une chemise[1] bleue et blanche,	________	________
________	________	________
________	________	________

1 **une chemise** [ynʃəmiz] ein Hemd

3

VOC **14 Atelier-poésie** → *an beliebiger Stelle*

Complétez d'abord les listes des vêtements et des adjectifs.
Puis, trouvez des rimes avec des prénoms et faites des petites phrases marrantes ou des petits poèmes.
Lisez vos poèmes en classe. A la fin, faites un concours de poèmes marrants.
Vous pouvez aussi chanter vos poèmes en rap!
Exemples:

Tu as un look intéressant, Laurent!

Ce jean est trop cool, Raoul!

Ce n'est pas un peu petit, Marie?

Waouh! Ton anorak, Jacques!

Prends la jupe grise, Lise!

un anorak
un jean
un pantalon
____
____
____
____
____
____
____
____
____

fantastique
bleu, bleue
sympa
nouveau, nouvel, nouvelle
cher, chère
blanc, blanche
____
____
____
____
____
____
____

atelier C

15 Qu'est-ce qu'ils pensent? → *nach SB Ü 1, S. 35*

Relisez le texte 3 C, puis lisez les phrases suivantes.
Est-ce que ce sont les idées de ***Marine*** *[2 fois], de* ***Charlotte*** *[4 fois], de* ***Farid*** *[3 fois] ou de* ***Pierre*** *[2 fois]?*

FARID

PIERRE

Je ne comprends pas: qu'est-ce qu'elle a aujourd'hui, Charlotte?

Elles sont vraiment trop marrantes, les chaussures de Marine!

Ah! Ils sont trop idiots!

Ce n'est pas vrai! Elle n'a pas mis ses Dadidas!

Comment est-ce que je peux expliquer ça à Marine?

Elle a un look d'enfer, Léa, avec ses nouvelles chaussures!

Oh non! Elle a aussi acheté des Dadidas rouges!

Moi, je comprends pourquoi Simon est avec Léa!

Mais non! Qu'est-ce qu'il raconte là?

Simon avec Léa? Trop, c'est trop!

Mais on reste copines, non?

CHARLOTTE

MARINE

△ 16 Il est bizarre, Alain! → *nach SB Ü 2, S. 36*

Complétez avec les verbes conjugués et les négations. Faites attention au temps: présent ou passé composé?

Pierre: Vous savez quoi? Alain ______________________ le roller.
ne plus aimer

Farid: Quoi? Il est malade? Mais il a **toujours** ses rollers?

Pierre: Ben non! Il ______________ ses rollers: on a volé ses rollers au parc Debrousse.
ne plus avoir

Farid: Il a **déjà** appelé la police?

Pierre: Non, il ____ à la police.
ne pas encore téléphoner (passé composé)

Il ____________________. Maintenant, il a une nouvelle idée: Il veut faire du VTT.
ne rien faire (passé composé)

Farid: Mais est-ce qu'il a **déjà** un VTT?

Pierre: Non, il ___________________________________ au magasin de vélos.
ne pas encore aller (passé composé)

Farid: Alors, en ce moment, est-ce qu'il fait du sport?

Pierre: Non, il ____________________. Il regarde la télé. Il reste à la maison.
ne rien faire

Farid: Il _______________ cool, Alain!
ne plus être

▽ 17 Shopping en France → *nach SB Ü 3, S. 36*

Cochez la bonne réponse.

1. *Du suchst in einem französischen Laden eine blaue Hose.*
   - «Je porte un pantalon bleu.»
   - «Je cherche un pantalon vert.»
   - «Je voudrais un pantalon bleu.»

2. *Leider gefällt dir die Farbe der Hose nicht.*
   - «Oh, la couleur est vraiment géniale!»
   - «Pardon, mais je n'aime pas ce bleu.»
   - «J'adore cette couleur.»

3. *Dann fragst du nach dem Preis.*
   - «Le pantalon me va bien, non?»
   - «Ça fait combien?»
   - «Ce n'est pas cher!»

4. *Du findest den Preis viel zu hoch.*
   - «Ce n'est vraiment pas cher.»
   - «Les soldes sont fantastiques ici.»
   - «C'est beaucoup trop cher.»

18 Les soldes chez PROMOD → *nach SB Ü 3, S. 36*

a *Relisez l'exercice 3. Puis, écoutez la partie A du texte et complétez la grille.*

1. Qui est là?	**2. Qu'est-ce qu'ils cherchent?**	**3. Où est-ce qu'il vont?**
______________	______________	______________
______________	______________	______________
		______________

b *Ecoutez maintenant la partie B et répondez aux questions.*

1. Quelle est la taille d'Aurélie? ______________________________

2. Où sont les cabines? ______________________________

3. Décrivez les deux pantalons: la couleur, le prix, le look.

Pantalon 1: Il est ______________________________

Pantalon 2: ______________________________

4. Quel[1] pantalon est-ce qu'Aurélie prend? Pourquoi?

____

c *Qu'est-ce qu'Aurélie va faire? Imaginez la fin de l'histoire et écrivez 3 phrases dans votre cahier.*

19 Pendant les soldes ... Vrai ou faux? *(G 9, 10, 13, 14)* *→ nach SB Ü 4, S. 36*

a *Achtung! Bei den folgenden Sätzen ist immer **nur eine Lösung** richtig. Welche?*
b *Warum sind die anderen „Lösungen" falsch? Tragt die entsprechende Zahl in die gelben Kästchen ein.*

1 Richtig!	**2** ***Accord*-Fehler:** Das Adjektiv ist nicht richtig an das Nomen angeglichen!	**3** **Stellungsfehler:** Das Adjektiv muss vor bzw. hinter dem Nomen stehen!

1. Pendant les soldes, les prix sont très
   - intéressante. ☐ v
   - intéressant. ☐ a
   - intéressants. ☐ c

2. Les vêtements ne sont vraiment pas
   - cher. ☐ e
   - chers. ☐ h
   - chères. ☐ t

3. Lucie achète des
   - nouvelles chaussures. ☐ a
   - chaussures nouvelles. ☐ l
   - nouveaux chaussures. ☐ c

4. Anne et sa mère cherchent un
   - bel anorak. ☐ u
   - belle anorak. ☐ e
   - anorak beau. ☐ o

5. Hugo et Maxime ont vu un
   - sac à dos géniaux. ☐ t
   - sac à dos génial. ☐ s
   - génial sac à dos. ☐ p

6. Chloé prend des
   - grises et blanches chaussettes. ☐ a
   - chaussettes gris et blancs. ☐ i
   - chaussettes grises et blanches. ☐ s

7. Laure met un
   - T-shirt petit jaune. ☐ n
   - petit T-shirt jaune. ☐ e
   - jaune T-shirt petit. ☐ s

8. Paul porte un
   - grand pull. ☐ t
   - grande pull. ☐ s
   - pull grands. ☐ m

9. La mère de Julie a trouvé une
   - belle jupe noir. ☐ f
   - belle noire jupe. ☐ e
   - belle jupe noire. ☐ t

10. Julien n'a rien trouvé aux soldes: il est très
    - énervé. ☐ e
    - énervée. ☐ s

c *Aus den Buchstaben hinter den richtigen Lösungen ergibt sich das Lösungswort:*

☐☐☐☐☐☐☐☐☐☐

1 **quel** [kɛl] – welche

20 Titeuf: Question de look … → *an beliebiger Stelle*

Regardez la BD «Les Filles».

a *«t'as changé = **tu** as changé, tu peux pas = tu **ne** peux pas»: Im gesprochenen Französisch werden nicht alle Laute und kleinen Wörter ausgesprochen. Das geht einfach schneller! Findet in den Sprechblasen drei weitere Beispiele für solche Verkürzungen und schreibt die vollständige Version auf!*

1. ______________________________

2. ______________________________

3. ______________________________

b *Traduisez ces phrases en allemand:*

Nadia: «Je veux être moi-même!» → ______________________________

Titeuf: «Nathalie elle est toi-même.» → ______________________________

c *Décrivez les dessins et écrivez l'histoire dans vos cahiers. Les mots suivants peuvent vous aider (helfen):*

[1] Titeuf – au collège – voir – sa copine Nadia – nouveau look: casquette / robe / sac / chaussures marrantes – demande – [2] expliquer qc à qn – (ne pas) comprendre – [3] Nathalie – arriver – le même style – trouver marrant – rigoler – [3] Nadia – voir rouge – énervée – [4] grande dispute – (ne pas) être d'accord – acheter avant Nadia? – le style de Nadia / de Nathalie?

△ **d** *Discutez avec votre voisin/votre voisine:*

1. Comment est-ce que l'histoire va continuer? Faites deux hypothèses.
2. Et toi? Qu'est-ce que tu aimes porter? Tu as «un style à toi»? Décris ton style à ton voisin / ta voisine.

3 auto-contrôle

1 Qu'est-ce qu'on dit en français?

*An den **fett gedruckten Stellen** müsst ihr besonders gut aufpassen: Ihr könnt sie nicht wörtlich übersetzen!*

– Was **soll** ich zur Fete meines großen Bruders anziehen? Marie, die Nervensäge, wird auch da sein …

– Na und? Wir können **heute** (diesen) Nachmittag **in die Stadt** gehen. Es ist **Schlussverkauf**, und man kann tolle Schnäppchen machen!

– Ja, du hast Recht. Wir werden sehen.

– Schau mal, dieser geniale Minirock! Und hast du den Preis gesehen?

– Was? Dieser schöne Minirock für 10 Euro? Das ist nicht wahr! Hat Marie nicht denselben Rock?

– Doch! Ich kaufe den Rock. **Marie wird ganz schön blöd gucken!** (= Du wirst das [dumme] Gesicht von Marie sehen!)

2 Vocabulaire

Ecrivez les noms qui vont avec ces verbes.

raison | des affaires | la porte | en ville | la tête | une copine dans la rue | du shopping | des nouveaux vêtements | des beaux vêtements

1. porter ______,
2. faire ______,
3. faire ______,
4. refermer ______,
5. essayer ______,
6. aller ______,
7. voir ______,
8. avoir ______,
9. tourner ______.

3 Ce, cet, cette, ces *(G 12)*

*Complétez avec **ce, cet, cette, ces**.*

Amadou: Qu'est-ce que tu as fait aujourd'hui, Amélie?

Amélie: Eh bien, ________ matin, je suis allée au collège, comme toujours. Puis, ________ après-midi, j'ai fait du shopping avec une copine. J'ai acheté ________ jupe, ________ anorak et ________ chaussettes. C'est beau, non?

Amadou: Oh oui! ________ nouvelle jupe verte est vraiment marrante avec ton T-shirt jaune et rouge! Hihihi! C'est la mode en ce moment?

Amélie: Pourquoi est-ce que tu rigoles? – Bon, qu'est-ce qu'on fait ________ soir? On va au cinéma?

Amadou: Euh … tu veux aller au cinéma avec ________ vêtements?

4 Les beaux adjectifs … *(G 9, 13, 14)*

*Complétez avec les adjectifs. Attention à leur **place** et à l'**accord**!*

Ce soir, Julie a rendez-vous avec Théo, un ________ garçon ________ de son école	sympa
de musique. Ils vont aller au club de rap du collège.	
Mais qu'est-ce qu'elle va mettre? Julie essaye sa ________ minijupe ________ avec son	blanc
________ pull ________ . Mais aves ses ________ chaussures ________	petit / nouveau
vertes, ce n'est pas génial.	
A la fin, Julie met son ________ jean ________ et un ________ T-shirt ________ .	bleu / noir
Théo a les mêmes problèmes. Qu'est-ce qu'il va mettre?	
Il essaye d'abord un ________ pantalon ________ avec son ________	gris / nouveau
pull noir ________ – non, ce n'est pas marrant. Alors, il met un ________ jean	bleu
________ avec un grand ________ T-shirt ________ .	blanc
A six heures, ils ont rendez-vous devant le club.	
Julie pense: «Tiens! Il a mis un ________ jean ________ , comme moi. Mais avec	bleu
un ________ T-Shirt ________ . Ça va très bien ensemble!»	blanc
Et Théo pense: «Elle est vraiment ________ , Julie!»	beau

LEÇON 4

d'abord

W **1 Des activités à Grenoble** *(G 1)* *→ vor d'abord, S. 38*

*Complétez avec **du, de la, de l'**.*

1. Lucie Marot habite à Grenoble. Elle fait ________ volley.
2. Son frère Clément n'aime pas le sport, mais il adore faire ________ musique. Et il aime faire des photos.
3. A Grenoble, les jeunes peuvent faire ________ natation, ________ judo, ________ tennis et ________ danse.
4. Ils peuvent aussi faire ________ athlétisme, ________ roller, ________ vélo et ________ ski!

athlétisme
judo
tennis
vélo
volley
roller
ski

danse
musique
natation

2 Au petit-déjeuner *(G 17)* *→ nach d'abord, S. 38*

Qu'est-ce que Lucie et Clément prennent au petit-déjeuner aujourd'hui?
*Regardez les photos et complétez avec **du, de la, de l' / un, une, des + nom.***

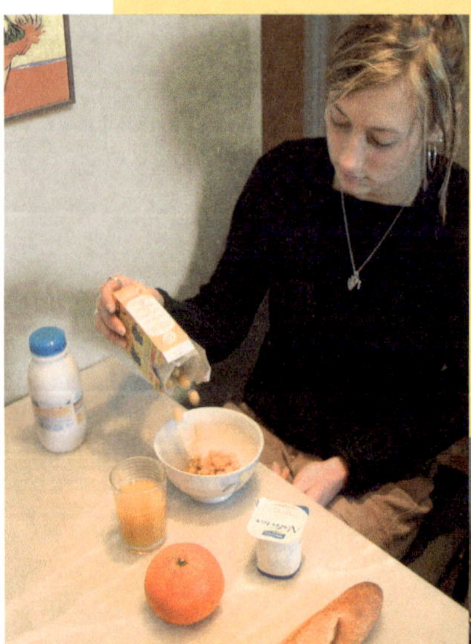

1. Au petit-déjeuner, Lucie mange des ________ avec ________. Elle prend aussi ________, une orange et ________.
2. Ce matin, Clément a de l' appétit! Il prend ________ avec ________. Il prend aussi ________ et ________. Puis, il prépare des sandwichs avec ________ et ________: aujourd'hui, sa classe va faire du ski.

3 Clément a beaucoup de travail … → *nach Texteinführung*

Relisez le texte et complétez les phrases.

1. Super! Clément n'a pas d'interro de maths parce que ___
2. Mais il ne peut pas faire de foot avec Jean-Pierre parce qu' ___
___
3. Mme Cassepieds, la voisine, est énervée parce que ___
4. Un peu plus tard, Clément a une petite faim, mais il n'a pas de chance parce que dans la cuisine, il n'y a
___
5. Il n'y a rien dans le frigo parce que ___
6. Clément ne veut pas acheter de soupe parce qu' ___
7. Et il barre la purée de la liste des courses parce qu' ___
___

VOC 4 Qu'est-ce que je dois acheter? *(G 17, 18)* → *nach SB Ü 3, S. 40*

Du bist in einer französischen Gastfamilie. Dein Austauschschüler Théo ist gerade im Supermarkt, hat aber vergessen, was er einkaufen soll. Er fragt per Handy nach.

Complétez le dialogue, puis jouez la scène.

! un(e), des / du, de la, de l'
⇔ ne … pas **de** / ne … plus **de**

Théo: Est-ce qu'on a encore du jambon?
Toi: Une minute, je vais voir dans la cuisine. Alors, dans le frigo, il y a 
___.

Mais il n'y a  ___.

Théo: Alors, j'achète  ___ confiture. Et est-ce que je dois aussi acheter  ___ ou  ___?

Toi: Non, je ne pense pas. Sur la table, il y a encore ___.

Mais il n'y a  ___. Et il n'y a  ___. Et puis … il n'y a  ___ – et il n'y a  ___!

Théo: D'accord. Alors, j'achète encore  ___ et ___ baguette. Merci et à plus!

Toi: Et ___ chocolat! N'oublie pas le chocolat!

VOC **5 Lucie a fait les courses.** *(G 17, 18) (Tandembogen im Annexe, S. 92) → nach SB Ü 3, S. 40*

6 A la maison, je dois … *(G 19) → vor SB Ü 4, S. 40*

a *Ecrivez les formes de* ***devoir*** *dans vos cahiers ou sur une fiche (Karteikarte).*

devoir	
je	nous
tu	vous
il/elle/on	
ils/elles	

! Markiert die Stammvokale **-oi-** und **-e-** in den einzelnen Formen.

b **A vous:** *Qu'est-ce que vous devez faire chez vous, à la maison?*

ranger ma chambre | mettre la table | préparer le dessert | aller au parc avec notre chien | préparer le dessert | acheter du pain | ranger la cuisine/le salon/le couloir | faire les courses | faire mes devoirs

A la maison, je dois faire mes devoirs, et je dois ma chambre.

Mon frère (ma sœur, mon père, ma mère) et moi, nous

Posez des questions à vos voisins et écrivez leurs réponses.

«Qu'est-ce que tu dois faire?» / «Qu'est-ce que vous devez faire?»

→ Mon voisin / ma voisine

→ Mes voisins / mes voisines

7 La grande dispute → nach SB Ü 1, S. 41

Mettez les photos dans le bon ordre. Puis, racontez l'histoire.
Ecrivez au moins deux phrases par photo (mindestens zwei Sätze pro Foto) dans vos cahiers.

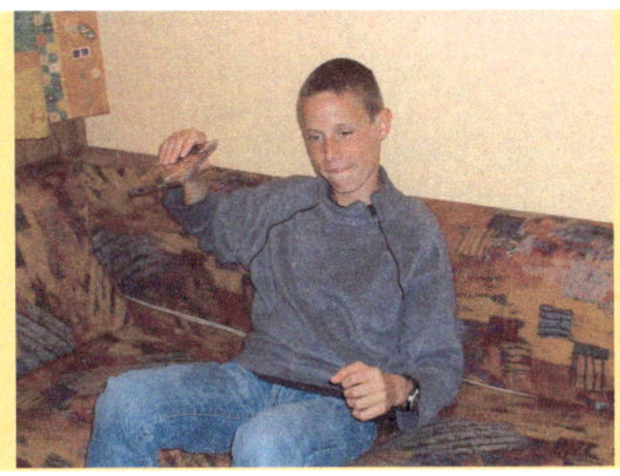

8 Tu dors? (G 20) → nach SB Ü 3, S. 42

a *Complétez.*

je	sor	s	nous	sort	
tu	dor		vous	dorm	
il/elle/on	par		ils/elles	part	
	men			ment	

b *Trouvez les phrases correctes.*

1. Lucie	ne sort / sort	les courses. / plus aujourd'hui.	Lucie ne sort plus aujourd'hui.
2. Elle	ne dort pas / dormons	devant la télé. / dans la cuisine.	
3. Papi et mamie	ne partons pas / ne partent pas	au marché. / à Méribel.	
4. Clément	ne ment pas. / mens.		
5. Mamie	sortons / ne sort pas	de l'hôpital ce soir. / au petit-déjeuner.	
6. Papi	ne dors pas / ne dort pas	chez les Marot. / au supermarché.	

9 Il faut avoir 18 ans. *(G 21)* → *nach SB Ü 4, S. 42*

Ecrivez les questions et les réponses dans vos cahiers.

1. Tu veux prendre le métro?
2. Vous voulez faire une pizza?
3. Je veux faire une fête!
4. Nous voulons faire les courses.
5. Vous voulez avoir des bonnes notes?
6. Tu veux travailler dans un magasin de mode?

Alors, il faut

- acheter du fromage.
- inviter des copains et des copines.
- apprendre vos leçons.
- avoir 18 ans.
- avoir de l'argent.
- regarder le plan.

W 10 Ma recette préférée (Mein Lieblingsrezept) *(G 21)* → *nach SB Ü 4, S. 42*

Rochers au chocolat

(une recette proposée par Lolie, 14 ans)

ingrédients:
- chocolat (250 g)
- beurre (30 g)
- eau (un peu)
- céréales (200 g) (type «cornflakes»)

! Erinnerst du dich? Nach Mengenangaben mit **beaucoup, un peu, un kilo, des grammes** steht nur das Wörtchen **de**!

a *Qu'est-ce qu'il faut pour faire des rochers au chocolat?*

Il faut 250 grammes …

b *Vous avez aussi une recette préférée? Qu'est-ce qu'il faut pour faire votre recette? (Vous pouvez chercher des mots dans un dictionnaire.)*

Ma recette préférée, c'est … Il faut …

11 Le répondeur → *nach SB Ü 5, S. 42*

a *Ecoutez les annonces (Ansagen) et répondez.*

	A	B	C
C'est le répondeur de …			
Est-ce qu'on peut laisser un message?	oui / non	oui / non	oui / non

b Tu es en vacances à Méribel, dans la région de Grenoble.
Tu veux rencontrer ton correspondant Clément et tu laisses un message sur son répondeur.
Préparez vos messages dans vos cahiers. Puis lisez les messages en classe.

VOC 12 Qu'est-ce que tu as fait hier soir? → *nach SB Ü 1, S. 44*

Après la soirée chez les Marot, le grand-père de Clément et Lucie téléphone à l'hôpital.

Complétez le dialogue, puis jouez la scène avec vos portables.

Papi: Bonjour, ma chérie! Ça va mieux?

Mamie: Je suis un peu ____________________, mais ça va ____________________. Je sors de l'hôpital demain. Et toi? Qu'est-ce que tu as fait ce soir?

Papi: Ben, notre fille m'a invité à manger[1]. Je suis arrivé vers sept heures, et Lucie et Clément m'ont expliqué leur problème: ils ont ____________________ faire les courses, mais ils n'ont pas ____________________.

Mamie: Et alors? Qu'est-ce que vous avez fait?

Papi: J'ai eu une ____________________ idée: on a commandé une pizza. Mais on n'a pas cherché la pizzeria dans ____________________!

Mamie: Ah bon? Et comment est-ce que vous avez fait alors?

Papi: On a trouvé le numéro sur Internet!

Mamie: Encore Internet! Tu es vraiment ____________________!

Papi: Puis, on a regardé ____________________ à ____________________.

Mamie: Et Lise, elle est encore rentrée tard du ____________________ hier soir?

Papi: Oui, à huit heures. Elle a beaucoup aimé notre pizza au ____________________ et au ____________________, et nous aussi. J'ai très bien mangé!

Mamie: Oui, je vois. Faire les courses et la cuisine sur Internet, c'est fantastique, non?

Papi: Eh oui! Bon. Je t'____________________. A demain!

Mamie: Au revoir, mon chéri! Dors bien et à demain!

13 C'est trop bon! *(G 9, 10)* → *an beliebiger Stelle*

*Complétez les petits dialogues avec **bon, bonne / nul, nulle** et **gentil / gentille**.*

1. – A table! On mange!
   – __________ appétit!
   – Mm, le poulet est très __________!
   – Elle est __________, ta quiche!

2. – On fait la vaisselle ensemble?
   – Mais non! Elle est __________, cette idée.
   – Alors, on regarde *Derrick* à la télé?
   – *Derrick*? Mais il est trop __________, ce commissaire!

3. – Aujourd'hui, j'ai beaucoup de devoirs.
   – Je peux t'aider?
   – Oh oui, c'est très __________, Lucie!
   – Mais tu sais bien, je suis toujours __________!

1 **inviter qn à manger** – jdn. zum Essen einladen

14 Qu'est-ce qu'il faut dire? → *nach SB Ü 2, S. 44*

a *Cochez les bonnes solutions.*

1. Du bist als Gast in einer französischen Familie und möchtest (in der Küche) helfen.
   - ☐ Est-ce que je peux vous aider?
   - ☐ Est-ce que je peux avoir encore de la quiche?
   - ☐ Est-ce que je dois ranger la chambre?

2. Du fragst, wo die Messer und Gabeln sind.
   - ☐ Est-ce que je mets la table?
   - ☐ On peut faire la cuisine ensemble?
   - ☐ Où sont les couteaux et les fourchettes, s'il vous plaît?

3. Du möchtest sagen, dass die Pizza wirklich gut ist.
   - ☐ La pizza est vraiment bonne.
   - ☐ Non, merci. Je n'ai plus faim.
   - ☐ C'est une belle pizza.

4. Du möchtest noch etwas Pizza haben.
   - ☐ Est-ce que je peux avoir encore de la pizza?
   - ☐ Est-ce que je peux avoir du dessert?
   - ☐ Je voudrais encore de la quiche, s'il vous plaît.

5. Du bist satt und möchtest nichts mehr essen.
   - ☐ Non, merci. Je ne sors plus.
   - ☐ Non, merci. Je n'ai plus soif.
   - ☐ Non, merci. Je n'ai plus faim.

6. Du bietest an, das Geschirr mit abzuspülen.
   - ☐ On fait la cuisine ensemble?
   - ☐ Où sont les assiettes?
   - ☐ On peut faire la vaisselle ensemble?

b *Vous êtes dans une famille française. Trouvez les bonnes questions / réponses.*

(Dans la cuisine)

Toi: ____________________

La mère: Oui. C'est gentil. Tu peux mettre la table, si tu veux.

Toi: ____________________

La mère: Les couteaux et les fourchettes? Ils sont là.

(A table)

Toi: ____________________

La mère: Mais oui, voilà le sel. Comme dessert, il y a de la glace. Tu aimes la glace au chocolat?

Toi: ____________________

(Après le dessert, tu veux aider ton correspondant pour la vaisselle.)

Toi: ____________________

Ton correspondant: Oui, merci! Et après, on peut aller au cinéma, si tu veux.

VOC 15 Les mots → *an beliebiger Stelle*

Trouvez les mots et complétez les phrases. N'oubliez pas ***du, de la, de l', des!***

ourts – ture – cé – pe – cou – ales – ya – fro – siettes – pu – ma – ver – ge – jam – pain – sou – ourts – lade – bon – sa – rée – as – lait – teaux – fi – four – ré – con – res– chettes – pain – ya

! Manche Wörter passen zu zwei Sätzen!

Sur la table, on met …	**Au petit-déjeuner, on prend …**	**Le soir, on mange …**
____________	____________	____________
____________	____________	____________
____________	____________	____________

16 Vous avez tout compris? *(G 20)* *→ vor SB Ü 3, S. 44*

a *Soulignez les terminaisons des infinitifs (die Infinitivendungen), puis trouvez* ***les participes passés*** *et écrivez-les dans la grille. Lisez les participes à haute voix. (Lest die Partizipien laut vor.)*

aller partir baisser pouvoir embrasser prendre avoir mentir mettre dormir ajouter barrer aider vouloir énerver sortir

infinitif: **-er** > participe: **-é**	**-ir** > **-i**
allé	______
______	______
______	______
______	______
______	
______	
______	

Attention: participes irréguliers!

pouvoir > ______
vouloir > ______
voir > ______
avoir > ______
prendre > ______
mettre > ______

b *Versucht doch mal, mit den Partizipien (auch mit anderen als aus der Tabelle) kleine Reime zu finden!*

Exemples: J'ai bien voulu, mais je n'ai pas pu!
Il a tout appris, mais rien compris!

17 Rendez-vous devant le cinéma *(G 4, 5, 6)* *→ vor SB Ü 3, S. 44*

! Die rot geschriebenen Verben bilden das *passé composé* mit *être*: Denkt an den *accord*!

Complétez les phrases avec les verbes ***au passé composé.***

Hier soir, Clément ______ (vouloir) préparer son interro d'allemand. Ses parents ______ (sortir), et Clément ______ (commencer) ses devoirs. Mais tout à coup, le téléphone ______ (sonner). Dix minutes plus tard, ses copains Maxime et Sélima ______ (arriver). Ils ______ (vouloir) aller au cinéma. Mais Clément n'est pas bon en allemand … et il ______ (promettre) une bonne note à ses parents … Les copains n' ___ pas ______ (comprendre). Ils ______ (discuter) avec Clément: «Allez! ‹Taxi 3›, c'est vraiment un film marrant! Et l'allemand, c'est facile!» Bon ben … Enfin, Clément ______ (mettre) son anorak, il ______ (prendre) son portefeuille et ils ______ (partir) vers sept heures. Devant le cinéma, ils ______ (regarder) les nouvelles affiches. Tout à coup, monsieur et madame Marot ______ (arriver)! Ils ______ (voir) leur fils avec ses copains. Clément ______ (tourner) la tête: zut! Ses parents n' ___ pas ______ (rigoler) … Clément ___ vite ______ (expliquer): «J' ______ (faire) mes devoirs: ‚Isch abe alles gelärnt!'» Hm Hm … Il ___ un peu ______ (mentir) … Clément ______ (rentrer) tard du cinéma. Il ______ (aller) au lit, mais il n' ___ pas très bien ______ (dormir): il ______ (rêver) de son interro!

18 stratégie La station pizza → an beliebiger Stelle

Lisez la carte et essayez de tout comprendre.

La station pizza

simple (1 personne) = 26 cm
médium (2–3 pers.) = 31 cm
famille (4–5 pers.) = 40 cm

Station Pizza
tomate, **mozzarella**, **origan**.
simple: **6,50 €**
médium: **9,50 €**
famille: **13,00 €**

La Mexicaine
tomate, mozzarella, oignons frais, bœuf haché, **olives noires**.
simple: **9,50 €**
médium: **13,50 €**
famille: **18,50 €**

La Provençale
tomate, mozzarella, fromage de chèvre, **tomates fraîches, huile d'olive, herbes de Provence**.
simple: **8,50 €**
médium: **12,50 €**
famille: **17,00 €**

La Calzone 4 fromages
sauce tomate, mozzarella, **fromage de chèvre**, roquefort, **emmental**.
simple: **10,50 €**

La Primavera
tomate, mozzarella, oignons frais, **aubergine**, tomates fraîches, **poivrons** frais, huile d'olive, **thym**.
simple: **9,50 €**
médium: **13,50 €**
famille: **18,50 €**

La Tandoori
crème fraîche, mozzarella, **poulet au curry**, tomates fraîches, sel.
simple: **9,50 €**
médium: **13,50 €**
famille: **18,50 €**

a *Faites une liste* ***des mots en vert*** *dans vos cahiers et traduisez-les en allemand.*
(Macht eine Liste der grünen [internationalen] Wörter und übersetzt sie ins Deutsche.)

b *Vous êtes chez les Marot à Grenoble (ils habitent 15 rue Voltaire), et vous voulez commander une pizza par téléphone. Prenez d'abord des notes. Vous pouvez utiliser un dictionnaire.*

La station pizza

Créez votre pizza préférée! (commande par téléphone uniquement):
simple (1 pers.), médium (2–3 pers.), famille (4–5 pers.)
pizza de base: tomate, mozzarella, origan (6,50 € / 9,50 € / 13,00 €)
plus 1,10 € / 1,40 € / 2,20 € pour chaque garniture supplémentaire.

Choisissez: champignons frais – œuf – thon – chorizo – oignons frais – ananas – jambon – poivrons frais – olives noires – merguez – poulet – roquefort – bœuf haché – anchois – maïs – lardons – fruits de mer – tomates fraîches – fromage de chèvre – emmental – pommes de terre – crème fraîche – piment fort.

taille: ______________________ heure: ______________________

garnitures: ____

____

l'adresse des Marot: ______________________________________

c *Jouez le dialogue au téléphone avec vos portables.*

1 Qu'est-ce qu'on dit en français?

In einer französischen Gastfamilie

Kann ich Ihnen helfen? ______________________________

Wo sind die Gläser und die Teller? ______________________________

Hm! Das riecht gut! ______________________________

Reichst du mir bitte das Salz? ______________________________

Kann ich noch etwas Quiche haben? ______________________________

Der Nachtisch ist wirklich gut. ______________________________

Nein, danke. Ich habe keinen Hunger mehr. ______________________________

2 Du pain et de l'eau *(G 17, 18)*

Complétez.

Mamie est rentrée de l'hôpital. Elle regarde dans le frigo et dans la cuisine.

1. Dans le frigo, il y a encore  ______________________________
______________________________, mais il n'y a plus  ______________.

2. Il y a encore  ______________________________
______________, mais il n'y a plus  ______________ et il n'y a pas  ______________.

3. Sur la table, il y a  ______________________________.

3 Dormir ou sortir? *(G 20)*

Complétez avec les formes de ***sentir, sortir, dormir, partir, mentir****.*

1. *Papi:* «Nous ne ______________ plus au ski à Méribel parce que mamie est à l'hôpital.»
2. Clément a regardé la télé. Mais il est très fatigué et maintenant il ______________.
3. *Lucie:* «Clément, tu ______________! Tu n'as pas encore rangé ta chambre!»
4. *Mme Marot:* «Ça ______________ bon dans la cuisine! Vous avez fait une pizza?»
5. Lucie et sa copine veulent aller au cinéma. Elles ______________ à huit heures et demie.

4 Vocabulaire

a *Complétez avec*

m'énerve | fort | les enfants | dormi | mieux | le répondeur | ranger | un message

1. Il y a ______________ sur ______________. Qui a téléphoné?
2. Tu dois ______________ ta chambre. C'est vraiment le bordel.
3. Je ne suis plus malade. Cette nuit, j'ai bien ______________. Aujourd'hui, ça va ______________.
4. ______________ n'écoutent pas leurs parents. Ils jouent dans la rue.
5. Tu peux mettre la musique moins ______________? Ça ______________!

b *Trouvez dans le vocabulaire de la leçon 4 des mots qui vont avec les mots suivants:*

la grand-mère	le grand-père	la quiche	______________
la radio	______________	le café	______________
les parents	______________	le fromage	______________
les couteaux	______________	rester à la maison	______________

Jeu de cartes

Was sagst du, wenn du Zahnschmerzen hast?	Qui est «l'ami de la vérité»?	Un copain, c'est …	je vois, tu …, il …, nous …, vous …, ils …, Passé composé: il a …
Du magst Volleyball überhaupt nicht. Wie drückst du das aus?	Il y a 26 kilomètres de Pont d'Arc à Saint-Martin. – Vrai ou faux?	Un VTT, c'est un …	Elle fait … roller.
Du möchtest lieber reiten. Was sagst du?	Mme Le Gall est commissaire à Saint-Denis. – Vrai ou faux?	il nage = il fait de …	Il fait … natation.
Du findest, dass dieser Pulli zu teuer ist.	Qui a volé les portables à Saint-Malo?	Un père et une mère, ce sont …	Traduisez: Ich liebe dich.
Du möchtest wissen, wieviel diese Schuhe kosten.	Quand est-ce que Marine et Charlotte font du shopping?	Mme le Gall est la mère de Yann. Yann est son …	Traduisez: Wir haben Fußball gespielt.
Du fragst am Telefon nach Lucie.	Qu'est-ce que Léa Mercier a acheté?	poser des questions à qn = …	Mettez au passé composé: „il va".
Du möchtest deinen Gesprächspartner zu deiner Fete einladen.	Pourquoi est-ce que papi va manger chez les Marot?	sortir ≠ …	Traduisez: Auf dem Markt gibt es keine Äpfel mehr.
Was sagst du, wenn du Kopfschmerzen hast?	Où est-ce que les Marot habitent?	avec ≠ …	Traduisez: Heute Abend gehe ich ins Kino.
Du sagst, dass die Pizza wirklich gut ist.	Que fait Sébastien à Pont d'Arc?	petit ≠ …	Mettez au passé composé: «nous faisons».

nach Lektion 4

Jeu de cartes

a/à je vois, tu vois, il voit, nous voyons, vous voyez, ils voient Passé composé: il a vu	**a/â** un ami.	**b** C'est Alex.	**c** J'ai mal aux dents.
c/ç Elle fait du roller.	**d** … vélo tout terrain.	**e/é** C'est vrai.	**e/è** Moi, je déteste le volley!
e/ê Il fait de la natation.	**f** … la natation	**g** C'est faux.	**h** Je préfère faire du cheval.
i/î Je t'aime.	**j** des parents.	**k** Alex et Anne	**l** Ce pull est trop cher.
m Nous avons fait du foot.	**n** fils.	**o/ô** samedi après-midi	**p** Elles coûtent combien, ces chaussures?
q Il est allé.	**r** interroger qn	**s** Elle a acheté les mêmes chaussures rouges que Marine et Charlotte.	**t** Est-ce que Lucie est là?
u Au marché, il n'y a plus de pommes.	**v** entrer / rentrer	**w** … parce que mamie (la grand-mère) est à l'hôpital.	**x** Je voudrais t'inviter (je t'invite) à ma fête.
y Ce soir, je vais au cinéma.	z sans	**Chance** … à Grenoble.	**Chance** J'ai mal à la tête.
Chance Nous avons fait.	**Chance** grand	**Chance** Il fait du camping.	**Chance** La pizza est vraiment bonne.

Jeu de cartes

Spielregeln

- Spielt zu zweit oder zu dritt. Mischt die Karten und legt sie auf einen Stapel mit den Fragen/Aufgaben nach oben.
- Zieht der Reihe nach eine Karte und löst die Aufgabe. Der rechte Nachbar kontrolliert die Lösung. Wenn eure Antwort richtig ist, dürft ihr die Karte behalten.
- Mit den Buchstaben, die auf den Rückseiten der Karten stehen, bildet ihr nun möglichst viele Wörter. Dabei könnt ihr jeden Buchstaben beliebig oft verwenden. Jedes Wort muss aber mindestens vier Buchstaben haben.
- Wenn auf der Karte statt eines Buchstabens „Chance“ steht, könnt ihr die Karte einmal als Joker für einen Buchstaben verwenden.
- Die gefundenen Wörter schreibt ihr in eure „Liste des mots“.
- Wer als erster zehn Wörter aufgeschrieben hat, gewinnt.

Liste des mots

1. ______________________
2. ______________________
3. ______________________
4. ______________________
5. ______________________
6. ______________________
7. ______________________
8. ______________________
9. ______________________
10. ______________________

nach Lektion 6

Bastelbogen II

Spielkarten zum Einsatz nach L 6 zur Ergänzung des Kartensatzes:

Du möchtest eine Rückfahrkarte nach Paris. Was sagst du?	Le Virgin à Paris, c'est où?	La fille de la sœur de ma mère, c'est …	Lisez: 955.
Du möchtest wissen, um wie viel Uhr der Zug in Bordeaux ankommt.	Qui est Zebda?	à gauche ≠ …	Tu montres tes CD à tes copains? Oui, je … montre mes CD.
Was sagst du, wenn du mit jemandem nicht einverstanden bist?	La classe de Fanny et de Naïma a «Vie de classe» avec quel professeur?	monter ≠ …	Tu prends la bouteille? Oui, je … prends.
Was sagst du, wenn dir etwas sehr gefällt?	Au collège, un garçon veut ton blouson. C'est un …	le jour après demain = …	j'écris, nous …
Du wünschst jemandem eine gute Reise. Was sagst du?	L'Arc de Triomphe est près de quelle station de métro?	près de ≠ …	Mettez au passé composé: «elle vient».

nach Lektion 6

Spielkarten zum Einsatz nach L 6 zur Ergänzung des Kartensatzes:

a/à neuf cent cinquante-cinq	**a/â** … ma cousine.	**e/é** sur les Champs-Elysées	**e/è** Un aller-retour à Paris, s'il vous plaît.
e/ê Oui, je leur montre mes CD.	**i** à droite	**o/ô** C'est un groupe de musiciens.	**u/û** A quelle heure est-ce que le train arrive à Bordeaux?
c/ç Oui, je la prends.	**f** descendre	**j** avec leur professeur principal	**m** Je ne suis pas d'accord avec toi/vous.
n nous écrivons	**p** le lendemain	**r** racketteur.	**s** Ça me plaît beaucoup.
Chance elle est venue	**Chance** loin de	**Chance** Charles de Gaulle	**Chance** Bon voyage.

Nun hast du schon über die Hälfte deines 2. Französischbuchs geschafft! Zeit, mal wieder festzuhalten, was du schon kannst! Kreuze die passende Spalte an und mache zur Sicherheit die Testaufgaben rechts.

Ich kann …	Klappt super!	Muss ich noch üben!	Teste dich durch folgende Übungen:
Hören			
1. … Angaben zu Kleidungsstücken (Größe, Farbe, Preis) verstehen.			Hört noch einmal die CD-Aufnahme zu CdA S. 35, Übung 18 und beantwortet den a- und b-Teil mündlich.
2. … das Wesentliche von kurzen, klaren und einfachen Alltags-Hörtexten (z.B. Ansagen auf einem Anrufbeantworter) verstehen.			Wiederholt die CdA-Übung 11 auf S. 44. (Verdeckt die Lösungen mit einem Blatt.)
Miteinander sprechen			
1. … ein Einkaufsgespräch über Farbe, Preis, Größe eines Kleidungsstücks führen.			Lest den *On-dit*-Kasten (Übung 3) auf S. 36 im SB und improvisiert einen Dialog: Ⓐ möchte grüne Schuhe in Größe 39 für höchstens 50 € kaufen. Ⓑ ist der Verkäufer.
2. … erzählen, was ich heute Nachmittag, heute Abend, diese Woche vorhabe.			Erzählt euch gegenseitig, was ihr an diesem Wochenende vorhabt.
3. … auf Französisch telefonieren (Gespräch beginnen, sagen warum ich anrufe, mich verabschieden) oder eine Nachricht auf einen Anrufbeantworter sprechen.			Spielt mit euren Handys ein kurzes Telefongespräch, in dem ihr euch zu einem Einkaufsbummel verabredet.
4. … Hilfe anbieten, bei Tisch das Essen loben, um etwas bitten und etwas annehmen bzw. ablehnen.			Wiederholt im CdA auf S. 49 die *auto-contrôle*-Übung 1. (Verdeckt die Lösungen mit einem Blatt.)
Lesen			
1. … verschiedene Textsorten (z.B. Fragebogen, Beschreibung, Brief, E-Mail, Interview) zu einem bekannten Thema lesen und verstehen.			– Beantwortet den Fragebogen *«Est-ce que tu fais attention à ton look?»* auf S. 37 im Buch. – Seht euch die S. 46–47 im Buch an und findet heraus, welche beiden Berufe *Zazie* hat, woran *Diam's* gerade arbeitet und was *Raï* ist!
2. … einem Gebrauchstext, z.B. einem Rezept oder einer Speisekarte, die wichtigsten Informationen entnehmen.			Ⓐ liest das Rezept auf S. 45 im Buch und erklärt Ⓑ auf Deutsch, wie man einen *Gâteau de Savoie* bäckt. Ⓑ liest die Broschüre im Cda S. 48. Wie heißt die Pizza mit Ziegenkäse, Kräutern, Olivenöl und Tomaten?
Schreiben			
1. ein kleines Gedicht nach einem vorgegebenen Muster schreiben.			Lest im Buch auf S. 37 das *Projet «Ecrire des poèmes»*, wählt ein Muster und schreibt selber ein weiteres Gedicht.
2. … in einem Brief ein Vorhaben schildern.			Macht die DELF-Übung *«Lettre de fan à une star»* auf S. 51 im SB.

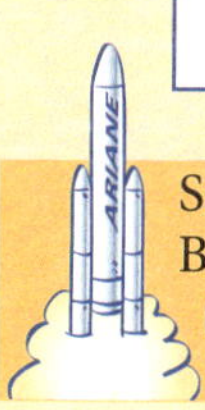

Schau dir an, wo du welche Spalte angekreuzt hast. Was kannst du besonders gut? An welchem der vier Bereiche möchtest du in den kommenden Wochen noch arbeiten? Und wie möchtest du das angehen? (Übungen, Strategien, …) Trage deine größten Stärken und deine Ziele in die Rakete Ariane (⟶ Heftende) ein.

LEÇON 5

d'abord

1 Qui organise la fête? *(G 22)* → *nach d'abord, S. 52*

Julien est en 3e B au collège Anatole France, à Toulouse. Avant les vacances, sa classe organise une soirée. Répondez avec ***le, la, l', les****.*

1. Qui invite les élèves de la 3e A? – Isabelle les invite.
2. Qui achète les chips? – Naomie ______
3. Qui apporte le coca? – Julien et André ______
4. Qui installe la chaîne[1]? – Théo ______
5. Qui met les CD? – Maxime ______
6. Et qui fait la vaisselle? – Vincent et Lisa ______
7. Qui range la salle? – Les garçons ______
8. Qui referme le collège? – Après la fête, leur prof ______.

2 Tu les trouves comment? *(G 22)* → *nach d'abord, S. 52*

a *Trouvez les phrases qui vont ensemble.*

Comment est-ce que tu trouves …

… ton grand frère?	Je les aime beaucoup. On rigole bien aux fêtes de famille.
… ta petite sœur?	Je ne l'aime pas trop. Il nous donne beaucoup de devoirs.
… ton chien?	Ah non, je ne les trouve pas géniales. Je n'aime pas vraiment cette couleur.
… ta classe?	Je les déteste! J'ai toujours peur parce que je ne suis pas très bon(ne) en maths.
… ta grand-mère?	Je la trouve bien: j'ai beaucoup de copains.
… tes cousins?	Je l'adore. Il s'appelle Foxy, il est encore petit et il aime jouer au parc avec le chien du voisin.
… les interros de maths?	Je ne la trouve pas cool: souvent, elle va dans ma chambre et elle me prend mes CD …
… les chaussures rouges?	Je l'adore: souvent, elle me raconte des histoires marrantes sur ma mère.
… ton prof d'anglais?	Je l'aime bien: il me laisse surfer sur Internet dans sa chambre.

b **stratégie** *Wie seid ihr bei der Lösung der Aufgabe vorgegangen?*
Welche Wörter habt ihr ***zuerst*** *angeschaut? Worauf habt ihr* ***dann*** *geachtet?*
Tauscht euch mit eurem Nachbarn / eurer Nachbarin oder in der Klasse aus.

1 **une chaîne (hifi)** [ynʃɛnifi] – Stereoanlage

3 Toulouse – Bruxelles → *nach Texteinführung*

Par quelles villes passe le train de Thomas et de Julien? (Durch welche Städte fährt ihr Zug?)
Regardez la carte de France dans Tous ensemble 2 *et complétez la liste des villes entre Toulouse et Bruxelles.*

rispa-nasparmontse | banaumont | deauxbor | lelil | tierspoi

Toulouse → ______________ → Agen[1] → ______________ → Angoulême →
______________ → Tours[2] → ______________ → Paris Nord
→ ______________ → Bruxelles

VOC 4 Attention au départ! → *nach SB Ü 1, S. 53*

Complétez les phrases avec les mots et expressions du «train». Attention: il faut conjuguer les verbes!

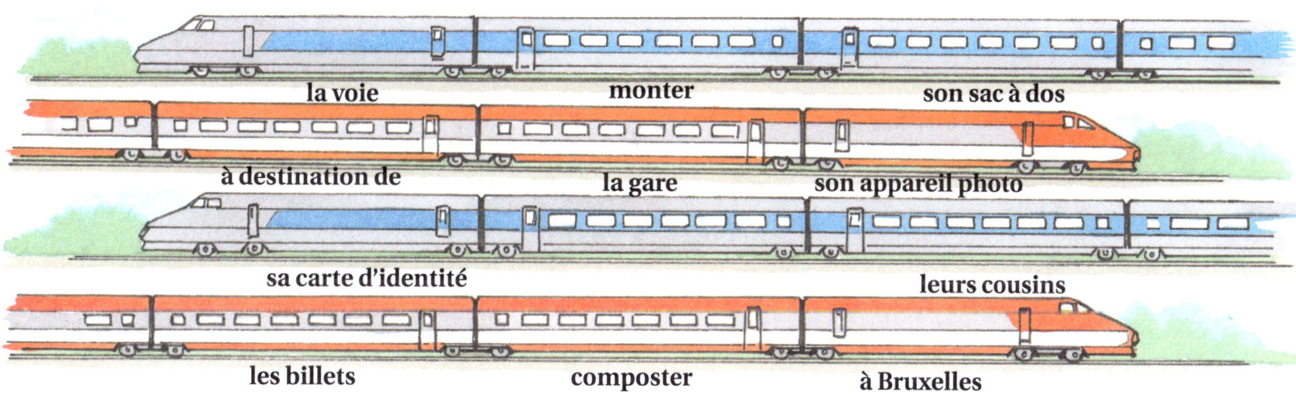

1. Julien et Thomas vont ______________ chez ______________.
2. D'abord, ils doivent prendre le TGV ______________ Paris.
3. Julien a pris ______________ de train. Ils sont dans ______________.
4. Il veut prendre des photos à Bruxelles. Alors, il prend ______________.
5. Thomas a mis ______________ dans son portefeuille.
6. A ______________ de Toulouse, ils cherchent ______________ de leur train.
7. Les garçons ______________ leurs billets, puis ils ______________ dans le train.

1 **Agen** [aʒɛ̃] – Stadt im Südwesten Frankreichs
2 **Tours** [tuʀ] – Stadt in Mittelfrankreich

5

5 A la gare → *an beliebiger Stelle*

a *Vous êtes à la gare de Toulouse et vous voulez prendre le TGV 8524 à destination de Paris. Vous allez entendre trois messages. Ecoutez bien. Quel message est important (wichtig) pour vous?*

C'est le message numéro ____ .

b *Lisez d'abord les questions, puis écoutez les trois messages encore une fois.*

Message 1: Est-ce que le train arrive ou est-ce qu'il part? ______________________

Message 2: Le train part de ______________________

Message 3: Vous êtes sur la voie 2. Qu'est-ce qu'il faut faire? ______________________

VOC 6 stratégie Prendre le train → *an beliebiger Stelle*

Vokabeln und Redewendungen könnt ihr euch besser im Zusammenhang merken. Stellt euch Schritt für Schritt ganz genau vor, wie die Handlung ablaufen könnte (wie in einem Film oder Comic). Schreibt für jede Vokabel einen Satz. Lernt dann die (korrigierten!) Sätze auswendig. Ihr könnt die Situation auch dazu spielen!

Tu es à Toulouse. Tu veux prendre le train pour aller à Paris. Qu'est-ce que tu fais?

! *Pensez aux „petits mots": d'abord, puis, un peu plus tard, cinq minutes après, à la fin, alors.*

la gare	D'abord, je vais à la gare.
le billet	Puis, j'achète
le train à destination de …	
voie numéro …	
composter	
monter	
partir	
l'arrivée	

VOC 7 La chambre de Christine → *an beliebiger Stelle*

Regardez la chambre de Christine. Où sont ses affaires? Ecrivez sept phrases dans vos cahiers.

Son appareil photo est sous … Sa bouteille de coca est derrière … ______________________

8 Qu'est-ce que je vais mettre? *(G 22)* *→ nach SB Ü 4, S. 54*

*Complétez avec les pronoms **le, la, l', les** et les formes des verbes.*

Marie Davot va à Bordeaux chez sa copine Aline. Elle prépare ses affaires pour le week-end.

Marie: Maman! Ma jupe bleue, je ne la trouve pas (ne pas trouver) ! Tu sais où elle est?

Mme Davot: Non, je ne sais pas, Marie. Mais ton *jean* bleu est ici. Tu ______ (prendre) aussi?

Marie: Oui! Tu ______ (mettre) sur mon lit, s'il te plaît? Et mon pull rouge? Ah, ______ voilà!

Mme Davot: Et tes nouvelles baskets, tu ______ (ne pas prendre) ?

Marie: Mais si, bien sûr! Je ______ (adorer) . Je ______ (avoir) déjà dans mon sac.

Mme Davot: Ah bon? Et ça alors, qu'est-ce que c'est?

Marie: Oh! Merci maman! Et mon pantalon vert et mon T-shirt noir, je ______ (prendre)

ou je ______ (ne pas prendre) ?

Mme Davot: Ben, tu fais comme tu veux. – Tiens! Il y a une nouvelle photo sur ta petite table! Qui est-ce?

Marie: C'est euh … la photo d'un copain!

Marie ______ (mettre) vite dans son portefeuille.

Mme Davot: Tu veux prendre aussi le CD sur la table?

Marie: Le CD de Manu Chao? Ah non, je ______ (ne plus aimer) . Je préfère le CD de Zebda …

Sophie: Salut, petite sœur! Tu n'es pas encore partie? Tu prends le train à 23 heures?

Marie: Non, ma grande, je ______ (prendre) à deux heures et quart.

Mais … c'est ma jupe bleue, ça! Je ______ (chercher) depuis[1] une heure! Toi, tu prends toujours mes affaires! J'en ai marre!

---

1 **depuis** [dəpɥi] seit

5

9 Le numéro du train (G 23) → nach SB Ü 5, S. 54

a *Vous êtes à la gare Paris-Montparnasse. Ecoutez les numéros des trains, puis cochez les bonnes réponses.*

Scène 1	Scène 2	Scène 3	Scène 4
☐ 8254	☐ 5882	☐ 4675	☐ 7905
☐ 8524	☐ 5872	☐ 4665	☐ 7509
☐ 8452	☐ 5112	☐ 4615	☐ 7709
☐ 8245	☐ 5892	☐ 4516	☐ 7059

b *Chaque élève écrit dix nombres entre 1.000 et 10.000 dans son cahier. Puis, faites une dictée de nombres (ein Zahlendiktat) avec votre voisin / votre voisine. A la fin, vous comparez vos listes.*

atelier B

10 Qui est dans le train? → nach SB Ü 1, S. 55

Relisez le texte et décrivez les voyageurs (beschreibt die Reisenden) du TGV 8524.

deux frères	Thomas et Julien
habiter à	
passer leurs vacances de Pâques … chez …	
(ne … pas) aimer: rugby	
adorer: Zebda	
vouloir aller au Virgin parce que …	
monter dans le TGV à …	Emma et Antoine
prendre place en face de	
aimer: rugby	
expliquer comment	
aller à …	

11 Tu viens avec moi? (G 24) → nach SB Ü 2, S. 56

a *Complétez avec les formes de* ***venir***.

JE _ _ _ _ _

TU _ _ _ _ _

IL _ _ _ _ _

NOUS _ _ _ _ _ _

VOUS _ _ _ _ _

ILS _ _ _ _ _ _ _ _

passé composé: JE _ _ _ _ _ _ _ _ _

b *Complétez le dialogue avec les formes de* ***venir****.*

– Allô?

– Cécile? C'est Lucie. Qu'est-ce que tu fais demain soir?

– Demain soir? Ben … Léa et Simon ________________ chez moi et puis, on va danser.
Si tu veux, tu peux ________________ avec nous!

– Je voudrais bien. Mais j'ai la visite de mon cousin, Lukas. Il ________________ d'Allemagne.

– D'Allemagne? Cool! Mais pourquoi est-ce que vous ne ________________ pas ensemble?

– Bonne idée! Lukas danse super bien. Alors, nous ________________ chez toi à quelle heure?

– Vous ________________ vers huit heures?

– Oui, d'accord. Alors, à demain!

c *Faites des phrases avec la forme correcte de* ***venir*** *et les prépositions.*

VENIR | **vers** | **avec** | **de (du)**

1. Julien et Thomas	________________	________________	Toulouse.
2. Tu	________________	________________	ton copain à la fête?
3. Ma sœur	________________	________________	neuf heures ce soir.
4. Vous	________________	________________	Allemagne, non?
5. Charlotte et Marine	________________	________________	[le] quartier Gambetta.

12 Qui est-ce? *(G 25)* *→ vor SB Ü 3, S. 56*

a *Complétez les questions avec* ***quel, quelle, …***

b *Puis, posez les questions à votre voisin / votre voisine et faites son portrait.*

Les questions	**Il / elle s'appelle:** ________________
Tu as ________________ âge?	Il / Elle a __________ ans.
Tu habites dans ________________ ville?	Il / Elle habite à ________________
Tu es à __________ collège?	________________
Tu es en __________ classe?	________________
__________ sont tes groupes de musique préférés?	________________
__________ est ta couleur préférée?	________________
__________ recettes est-ce que tu fais pour tes copains?	________________
__________ sont les prénoms de tes deux grand-mères?	________________

c *Macht ein Ratespiel in der Klasse. Einer denkt sich einen Mitschüler / eine Mitschülerin. Die anderen stellen Fragen und finden heraus, wer es ist. Dann kommt der Nächste dran.*

Exemple: La personne a quel âge? Elle habite dans quelle ville?

5

13 Quelle heure est-il? *(G 26)* *→ nach SB Ü 4, S. 56*

a *Regardez les dessins et écoutez les scènes. Quel dessin va avec quelle scène?*

b *Ecoutez les scènes encore une fois et complétez les bulles avec l'heure.*

Na, alles klar? Wann nimmt man die „offizielle“, wann die „umgangssprachliche“ Uhrzeit?

… va partir à ______________________
____

… le journal de vingt
____

… exactement ______________________
____

Trois ______________________
____

Il est ______________________

Déjà sept heures ______________________

scène ____

scène ____

scène ____

14 stratégie Wörter erschließen: Mille questions *→ vor SB Ü 5, S. 56*

Auch wenn ihr nicht alle Wörter kennt, könnt ihr die passenden Sätze leicht verbinden.

a *Ihr seid am Bahnhof in Bordeaux und wollt wissen …*

– wo der Fahrkartenschalter ist.	Est-ce qu'à Paris il y a une correspondance pour Saint-Malo?
– ob es eine Ermäßigung für Schüler gibt.	Où est le guichet pour les billets, s'il vous plaît?
– ob der Zug aus Toulouse Verspätung hat.	Est-ce qu'il faut une réservation pour une place dans le TGV?
– ob du umsteigen musst.	Est-ce qu'il y a une réduction pour les élèves?
– ob du in Paris Anschluss nach Saint-Malo hast.	Est-ce que je dois changer de train?
– ob man für den TGV eine Reservierung braucht.	Est-ce que le train de Toulouse a du retard?

b *Trouvez les expressions en français.*

ein Anschluss nach: ______________________

eine Reservierung: ______________________

eine Ermäßigung für: ______________________

Verspätung haben: ______________________

der Fahrkartenschalter: ______________________

umsteigen: ______________________

atelier C

15 A Paris → nach SB Ü 1, S. 57

Trouvez un titre pour chaque photo. Puis, décrivez les scènes.

Titre: ______________________

Thomas et Julien sont …

____

____

____

____

Titre: ______________________

Ils arrivent à la station Charles de Gaulle, …

____

____

____

____

Titre: ______________________

Au Virgin, le groupe Zebda chante.

____

____

____

____

16 Antoine? Antoine! *(G 27) → nach SB Ü 4, S. 58*

a *Complétez avec* ***répondre, descendre, attendre, entendre au présent.***

A la gare de Bordeaux, Antoine a______________ le train de 13 h 20 pour aller chez son copain Frédéric, à Poitiers. Enfin, le train arrive. Beaucoup de gens d______________. Tout à coup, Antoine e______________ son nom: «Antoine! Tu m' a______________?» Antoine tourne la tête et voit de loin une fille avec un grand sac. Il r______________: «Oui! Qu'est-ce qu'il y a?» Mais un garçon derrière Antoine r______________ aussi: «Valérie! Je t' a______________! Viens vite! On va rater notre train! Allez, monte!»

b *Racontez au passé composé.*

Le soir, à Poitiers, Antoine raconte son voyage à son copain Frédéric:

J'______________ le train de 13 h 20 à la gare de Bordeaux. Enfin, il ______________. Beaucoup de gens ______________. Tout à coup, ______________ mon nom: «Antoine! Tu m'attends?» J'______________ la tête et j'__________ de loin une fille avec un grand sac. J'______________: «Oui! Qu'est-ce qu'il y a?» Mais un garçon derrière moi ______________ aussi. Il ______________ la fille et ils ______________ ensemble dans mon train. Ils ______________ place en face de moi et on a discuté pendant le voyage. Sympa, cet Antoine – et sa copine aussi!

17 C'est où sur le plan?

Regardez le plan de Toulouse et écoutez les scènes.

Dessinez les chemins en couleurs (mit Farbstiften).

18 Le TGV: Prenez le temps d'aller vite! → *an beliebiger Stelle*

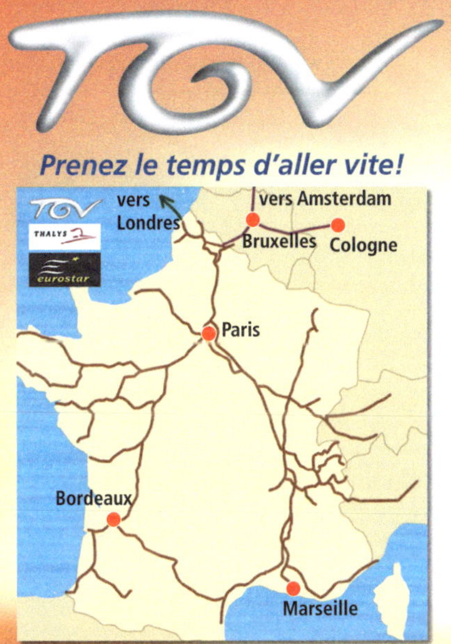

Le TGV, c'est un «**T**rain à **G**rande **V**itesse». Il existe depuis 1981. Il va vraiment très vite: à 300 kilomètres à l'heure! Le 18 mai 1990, un TGV a même[1] fait un record mondial[2] de 515 kilomètres à l'heure!

Pour les 450 kilomètres entre Paris et Lyon, le TGV met[3] seulement[4] deux heures. En voiture, il faut au moins quatre heures par l'autoroute!

Il y a déjà 1 500 kilomètres de lignes de TGV en France. Le TGV Sud-Est, par exemple, va de Paris à Marseille (750 km) en trois heures, le TGV Atlantique va de Paris à Bordeaux et en Bretagne, le TGV Nord va à Lille. Il y a aussi des lignes internationales de TGV: le Thalys part de Paris à Bruxelles, puis il va à Amsterdam ou à Cologne. Il fait Paris–Cologne en quatre heures! Et l'Eurostar va à Londres par le tunnel sous la Manche[5]: l'Eurotunnel. Pour aller de Paris à Londres en Eurostar, il faut seulement 1 heure et 50 minutes! Dans l'Eurotunnel, les voitures et les bus entrent aussi dans un train: ils traversent le tunnel en train.

Si vous voulez prendre le TGV, il faut d'abord réserver votre place. On ne peut pas monter dans un TGV sans réservation! Vous pouvez acheter vos billets au guichet ou au distributeur automatique[6] quand vous arrivez à la gare.

Bon voyage!

a *Ihr kennt zwar nicht alle Wörter und Ausdrücke, aber ihr versteht sie auch ohne Wörterbuch! Probiert einmal, sie ins Deutsche zu übersetzen:*

la vitesse __________	l'autoroute __________	une ligne (de train) __________
depuis __________	le Sud-Est __________	réserver __________

b *A propos du texte. Repondez aux questions!*

1. «TGV» – Qu'est ce que c'est en français – et en allemand?
____
2. Quel est le record de vitesse du TGV? ____________________
3. Combien d'heures est-ce que le TGV met entre Paris et Marseille? ____________________
4. Il y a un TGV entre Paris et l'Allemagne (la Hollande). Quel est son nom? ____________________
5. «Cologne», qu'est-ce que c'est en allemand? ____________________
6. Quel train passe sous la Manche? ____________________
7. Und wie wünscht man auf Französisch eine gute Reise? ____________________

1 **même** – sogar
2 **un record mondial** [ɛ̃ʀəkɔʀmɔ̃djal] – ein Weltrekord
3 **mettre deux heures** – zwei Stunden brauchen
4 **seulement** [sœlmɑ̃] – nur
5 **la Manche** [lamɑ̃ʃ] – Ärmelkanal
6 **un distributeur automatique** [ɛ̃distʀibytœʀɔtɔmatik] – *hier:* Fahrkartenautomat

auto-contrôle

1 Qu'est-ce qu'on dit en français?

Au guichet

1. Ich hätte gerne eine einfache Fahrkarte von Berlin nach Paris für Samstag.

____

2. Sie müssen in Köln (Cologne) umsteigen. Sie warten eine Stunde.

____

3. In Köln nehmen Sie den Thalys in Richtung Paris. Sie können Ihren Zug nicht verpassen.

____

____

4. Wollen Sie Ihre Fahrkarte jetzt kaufen? Dann können Sie eine Ermäßigung haben!

____

____

5. Hier ist Ihre Reservierung. Die Abfahrt ist um 11 Uhr 55. Sie kommen um 21 Uhr 05 in Paris an.

____

____

2 Vocabulaire

Complétez.

1. A quelle heure part le train? Quand est-ce qu'il arrive? Il faut **les** regarder: ce sont les horaires.
2. Tu veux prendre le train? Alors, tu **l'**achètes au guichet: c'est un ______________
3. Ce train va très vite. Julien et Thomas **le** prennent: c'est ______________
4. On **le** prend pour faire des photos: c'est ______________
5. Beaucoup de gens **l'**ont dans leur portefeuille: c'est ______________
6. On **le** composte à la station de métro: c'est ______________
7. Zebda **la** chante au Virgin: c'est leur nouvelle ______________
8. Beaucoup de jeunes **les** mettent, ce sont des chaussures cool: ce sont ______________

3 Les verbes en *-dre* *(G 27)*

Complétez avec les formes de ***descendre, attendre, perdre, entendre, répondre****.*

	infinitif	je / j'…	vous …	ils / elles …	passé composé
aussteigen	______	______	______	______	______
warten	______	______	______	______	j'ai attendu
verlieren	______	______	______	______	______
hören	______	______	______	______	______
antworten	______	______	______	______	______

4 Quel(s), quelle(s) *(G 25)*

A Bruxelles, les cousins de Julien et de Thomas posent beaucoup de questions.
Complétez par ***quel, quelle, quels, quelles****. Puis, répondez aux questions.*

1. A ______ heure est-ce que vous êtes partis de Toulouse?
   Nous ______
2. ______ train est-ce que vous avez pris?
   Nous ______
3. A ______ gare est-ce que vous êtes arrivés à Paris?
   Nous ______
   ______
4. A ______ station est-ce que vous êtes sortis du métro?
   Nous ______
   ______
5. ______ chansons de Zebda est-ce que vous préférez?

5 Le, la, l', les *(G 22)*

Marie est dans le Jardin des Plantes[1], à Toulouse. Elle téléphone à sa copine Lucie.
Répondez aux questions. Utilisez les pronoms d'objet direct: ***le, la, l', les****.*

1. *Lucie:* C'est vrai? Tu vois Luc et Manon?
   Marie: Oui, je les vois bien.
2. *Lucie:* Est-ce que Luc embrasse Manon?
   Marie: Oui, il ______ embrasse.
3. *Lucie:* Tu les entends?
   Marie: Non, je ne ______ entends pas. Mais je vois … Il prend un bracelet.
4. *Lucie:* Il donne le bracelet à Manon?
   Marie: Oui! Il ______ donne à Manon.
5. *Lucie:* Et elle, elle met le bracelet?
   Marie: Oui, elle ______ met.
6. *Lucie:* Ah! Je ______ déteste, cette fille!

1 **le Jardin des Plantes** [ləʒaʀdɛ̃deplɑ̃t] – großer Park in Toulouse

LEÇON 6

d'abord

1 A la récré, on discute … *(G 28)* → *nach d'abord, S. 60*

*Soulignez d'abord les compléments avec **à** (die Ergänzungen mit **à**). Puis, remplacez – les par les pronoms **lui** et **leur**.*

! Attention: Steht das indirekte Objekt im Singular (→ **lui**) oder im Plural (→ **leur**)?

Exemples:

Théo donne un chewing-gum à Fanny.

▶ Théo _lui_ donne un chewing-gum.

Jean raconte le film «Taxi 3» à Karim et Coralie.

▶ Jean _leur_ raconte le film «Taxi 3».

1. Naïma apporte la vidéo à la documentaliste.

▶ Naïma ______ apporte la vidéo.

2. Fanny montre ses nouvelles baskets aux copines.

▶ Fanny ________ montre ses nouvelles baskets.

3. Théo pose une question à son copain Marcel.

▶ Théo ______ pose une question.

4. Karim achète un coca à sa copine.

▶ Karim ______ achète un coca.

5. Coralie explique un problème de maths à Karim et Naïma.

▶ Coralie ________ explique un problème de maths.

6. Mais Marcel ne donne pas ses devoirs de français à Théo.

▶ Mais Marcel ne ______ donne pas ses devoirs de français.

2 … mais dans la classe, chut! *(G 28)* → nach d'abord, S. 60

*Remplacez les éléments en gras (fettgedruckt) par **lui** ou **leur**:*

! Attention à la place des pronoms!

Maintenant, les élèves de la 4ᵉA sont dans leur classe.
Madame Denon, la prof, leur explique un problème de maths, mais quelques élèves n'écoutent pas …

1. Fanny donne son adresse e-mail **à son voisin**. _Fanny lui donne son adresse e-mail._
2. Théo montre une photo **à Marcel**. ______________________
3. Marcel montre son nouveau sac à dos **à Naïma et Fanny**. ______________________
4. Naïma donne une petite lettre **à son copain**. ______________________
5. Loïc pose une question **à Julie**. ______________________
6. Julie raconte une histoire marrante **aux copines**. ______________________

Madame Denon est en colère: «Bon, chut, maintenant! On est ici pour travailler.»

atelier A

3 Jean raconte son histoire à la principale. → *nach Texteinführung*

Relisez la page d'abord à la page 60 et le texte A. Puis, complétez le dialogue.

Vendredi, la principale parle à Jean.

La principale: Jean, qu'est-ce que tu as fait mercredi, après le collège?

Jean: Après le collège, j'ai voulu rentrer à la maison. Puis, dans la rue, un garçon m'a ...

La principale: Tu le connais, ce garçon? Il est dans quelle classe? Tu peux le décrire?

Jean: ______________________

La principale: Et à qui est-ce que tu as parlé du racket?

Jean: ______________________

4 La petite voleuse → *nach SB Ü 3, S. 62*

Cet après-midi, monsieur Artaud a eu un problème. On lui a volé son sac dans le métro.

a *Ecoutez le dialogue deux fois et complétez le dessin (deux détails). Puis, mettez les couleurs correspondantes sur le dessin. (Malt die entsprechenden Flächen farbig aus.)*

Comparez votre dessin avec votre voisin.

b *Dans son texte, l'agent décrit aussi le sac de monsieur Artaud. Mais il a fait six fautes. Soulignez les fautes, puis corrigez la description (die Beschreibung) dans vos cahiers.*

«On cherche un sac à dos noir. Dans ce sac, il y a un portefeuille avec la carte d'identité de M. Artaud et 15 €. Puis, il y a un plan de métro, des lunettes, un sandwich au fromage et une petite bouteille de coca.»

5 Les correspondants de Hambourg sont arrivés. *(G 28)* *→ nach SB Ü 4, S. 62*

Au collège Bellevue de Toulouse, on a tout préparé.

*Soulignez les compléments avec **à** et remplacez ces éléments par **lui** ou **leur**.*

1. D'abord, les profs ont présenté les correspondants allemands aux élèves français.

2. Puis, les élèves français ont montré la cantine aux correspondants.

3. Fanny a donné son emploi du temps à son correspondant Lukas.

4. Lukas a décrit son collège en Allemagne à Fanny.

5. Il a montré des photos de Hambourg à sa correspondante.

Mais il **ne lui a pas encore** montré les photos de sa copine allemande …

6 Dans les familles françaises *(G 22, 28)* *→ nach SB Ü 4, S. 62*

Le soir, Lukas est dans la famille de Fanny.
*Regardez les dessins, puis faites des phrases avec **le, la, les** ou **lui, leur**.*

> **!**
> Verb + Gegenstand / Person → le, la les
> Verb + à + Person → lui, leur

7 Qui connaît la France? *(G 29)* *→ nach SB Ü 5, S. 62*

Complétez les rimes avec les formes de ***connaître****.*

1. – Tu ______________ Calais?
   – Ah oui! Je ______________ .
2. – La France et les Français?
   Kathrin les ______________!
3. – Vous ______________ Toulon?
   – Bien sûr, nous ______________!
4. – Et Paris, vous ______________?
   – Notre-Dame et les Champs-Elysées!
5. – Et vos corres,
   qu'est- ce qu'ils ______________?

8 Visitez la Cité de l'espace! *→ an beliebiger Stelle*

Vous êtes à Toulouse chez vos correspondants. Ils veulent vous montrer la Cité de l'espace. D'abord, vous regardez la brochure ensemble.

La station Mir
Visitez la station spatiale Mir et comprenez les fonctions de son laboratoire spatial.

Le Terr@dome
Découvrez notre planète Terre et son histoire au Terr@dome et faites un voyage virtuel dans le temps.

La fusée Ariane 5
Comme la fusée originale à Kourou (Guyane), notre fusée Ariane 5 fait 50 mètres de haut. Elle a un vrai moteur Vulcain. Mais elle ne part pas de Toulouse!

Tarifs et Horaires

	juillet/août	reste de l'année
adultes (à partir de 26 ans)	16 euros	14 euros
jeunes (de 13 à 25 ans)	13 euros	11,50 euros
enfants (de 6 à 12 ans)	11,50 euros	10,50 euros

Ouvert du mardi au vendredi de 9 h à 17 h 30, le week-end de 9 h à 18 h

Cité de l'espace

a *Schreibt alle unbekannten Wörter, deren Bedeutung ihr aus dem Deutschen, Englischen oder dem Zusammenhang ableiten könnt, in euer Heft.*

Französisch	über das Deutsche erschließbar, heißt dort:	über das Englische erschließbar, heißt dort:	aus dem Zusammenhang verständlich, heißt auf Deutsch:
la Cité de l'espace		cité: city espace: space	die (Welt-)raumstadt
la fusée			die Rakete
originale	original	original	

b *Vrai ou faux? Cochez la bonne réponse.*
C'est faux? Alors, écrivez la réponse correcte!

	Vrai	Faux	
1. Pour 1 adulte, 2 jeunes et 1 enfant (6 ans), ça fait 52 € (en juillet).	☐	☐	________
2. On ne peut pas visiter la Cité de l'espace le dimanche.	☐	☐	________ ________
3. Avant la visite, il faut réserver.	☐	☐	________
4. La fusée Ariane 5 part de Toulouse.	☐	☐	________
5. Mir, c'est le nom d'une station spatiale.	☐	☐	________
6. Dans le Terr@dome, vous pouvez apprendre tout sur Mars.	☐	☐	________

atelier B

9 Qui fait quoi? → *nach Texteinführung*

a *Naïma, Théo et Fanny préparent leur projet. D'abord, ils font une grille avec le travail à faire. Complétez leur grille.*

où?	**qui?**	**travail à faire**
au CDI	Naïma	expliquer à Théo comment on travaille sur Internet
	________	faire des recherches
	________	________ l'article
	________	________ des notes
	Fanny	________ les questions
dans la cour du collège	________	poser ________
	________	écrire ________
chez Naïma	________	préparer ________ ________

b *Qui fait quoi? Faites cinq phrases à l'aide de la grille (mithilfe der Tabelle). Ecrivez les phrases dans vos cahiers.*

10 Avec qui? *(G 31)* → *nach SB Ü 3, S. 64*

Complétez les questions.

avec qui?	de quoi?
contre quoi?	à qui?
de qui?	chez qui?

!
Präp. + **qui** → Personen
Präp. + **quoi** → Sachen/Ereignisse

Un soir, Naïma téléphone à sa correspondante allemande. Elle lui décrit le projet contre la violence. La correspondante trouve ça très intéressant, mais il y a des problèmes avec le portable de sa mère. Elle n'entend pas tout …

Naïma	*La correspondante*
1. Nous faisons un projet intéressant avec M. Boussac, notre prof principal.	1. Avec qui ______ est-ce que vous faites un projet?
2. C'est un projet contre la violence.	2. Contre ______ est-ce que c'est, votre projet?
3. Les élèves de notre collège ont peur du racket.	3. De ______ est-ce qu'ils ______?
4. Dans notre exposé, nous voulons parler de la violence au collège.	4. De ______
5. Nous voulons poser des questions aux élèves pendant la récré.	5. ______
6. Nous allons préparer notre exposé chez moi. J'ai un super ordinateur.	6. ______

11 Jean et Paul chez la principale … *(G 28)* → *vor SB Ü 4, S. 64*

Jean Vidal et Paul sont chez la principale du collège.

Ecrivez le dialogue.

l'histoire du blouson?
vous expliquer
me pouvez
Paul et Jean

Paul
a voulu
des coups, et puis …
me donner

lui
veux pas
la vérité?
Tu ne
dire

La principale: Paul et Jean, vous pouvez m'expliquer l'histoire du blouson?

Jean: C'est facile! Paul ______

Paul: Tu mens! ______

Tu as
me prendre
voulu
mon nouveau
blouson!

Paul: ______________________________

____

voulu
Mes parents
m'acheter
n'ont pas
de blouson cher.

Jean: Euh … c'est vrai. ______________________________

____

parler du problème.
leur
Alors moi, je
vais

La principale: ______________________________

____

12 Je dis, ma mère lit et mon père écrit … *(G 30)* → *nach SB Ü 5, S. 64*

Vous êtes en vacances et vous écrivez une carte postale[1] *à votre copain/copine.*
Ecrivez six phrases minimum.

Voilà des mots et des expressions pour vous aider:

Pendant les vacances, Au petit déjeuner, Le matin, Puis, Sur la plage, Dans ma lettre, L'après-midi, Au téléphone, Le soir,	je ma mère mon père ma (petite) sœur mon (grand) frère nous mes parents	dire décrire lire écrire	des BD. une lettre à un bon ami. «bonjour» à nos voisins. notre village de vacances. des livres. ma nouvelle copine. notre appartement. des cartes postales. un magazine de sport / de mode / de musique.

Salut, David! Bonjour de Biarritz! Les vacances, ______________________________

c'est super! Le matin, je … ______________________________

____

____

____

____

____

____

____

____

____

____

1 **une carte postale** – eine Postkarte

13 Vrai ou faux? → *nach Texteinführung*

Relisez d'abord le texte 6 C, puis les phrases 1–9. Trouvez 6 fautes et corrigez les phrases dans votre cahier.

vrai	faux	
☐	☐	1. Le groupe d'Arthur a fait un sketch en plusieurs langues.
☐	☐	2. Dans le sketch du groupe 2, une fille donne des coups à un garçon.
☐	☐	3. Fanny, Naïma et Théo ont écrit une chanson contre la violence.
☐	☐	4. Cette année, 10 % des élèves du collège Bellevue ont été victimes d'un racket.
☐	☐	5. Théo explique que quelques élèves ne parlent pas de racket parce qu'ils ont peur.
☐	☐	6. Stanislas ne veut pas mettre le texte de son groupe sur la page Internet du collège.
☐	☐	7. Naïma n'a pas trop aimé le sketch.
☐	☐	8. Théo a trouvé les recherches sur Internet très utiles.
☐	☐	9. A la journée portes ouvertes en juillet, les élèves veulent présenter leur projet à leur classe.

14 Des problèmes au collège Bellevue → *nach SB Ü 2, S. 66*

Pendant la récré, des élèves parlent de leurs problèmes.

Lisez les expressions dans «On dit» à la page 66 de votre livre. Puis, donnez votre avis.

1. *Je suis d'accord parce que j'ai été victime d'un racket.*

2. ______________________________

3. ______________________________

4. ______________________________

5. ______________________________

15 Le grand jour ... (G 32) → nach SB Ü 3, S. 66

A la journée portes ouvertes du collège Bellevue, la 4^e^A présente son projet «NON à la violence». M. Boussac, Théo et Loïc donnent une interview à un reporter de Sud Radio. Fanny est avec son correspondant anglais. James ne parle pas très bien français. Donc, elle lui explique tout.

Complétez les phrases de Fanny.

! Attention:
demander **si** ⇔ répondre **que**

Reporter: L'idée de ce projet vient de vous, M. Boussac? *(demander)*

Fanny à James: Le reporter demande si l'idée du projet vient de M. Boussac.

M. Boussac: L'idée vient des élèves de la 4^e^A. *(répondre)*

M. Boussac répond ______

Loïc: Il y a eu plusieurs rackets au collège! *(dire)*

______

Naïma: La violence à l'école, c'est un vrai problème: 13 % des élèves ont déjà été victimes d'un racket. *(ajouter)*

______ et que 13 % ______

Reporter: Mais c'est beaucoup! *(trouver)*

______

Théo: Un autre groupe d'élèves a écrit des articles contre la violence au collège. *(dire)*

______

Loïc: Chaque élève doit respecter les autres. *(expliquer)*

______

M. Boussac: Les élèves ont très bien travaillé. *(penser)*

______

Naïma: On peut lire les résultats du projet sur Internet. *(dire)*

______

Reporter: Merci beaucoup. Je vais écrire un article sur ce projet intéressant. *(dire)*

Le reporter dit qu'il va ______

VOC 16 Préparer un exposé → zu SB Ü4, S. 66

Comment est-ce qu'on fait un exposé? Trouvez les mots corrects et complétez le texte.

1. Préparer le travail

D'abord, il faut trouver ________________ intéressant.

Puis, faites des ________________ de travail.

Organisez votre travail: qui fait ________________ ?

________________ élève doit préparer quelque chose.

> un sujet – une recherche – un devoir
> cours – groupes – groupe
> qui – quand – quoi
> chaque – plusieurs – autre

2. Faire des recherches

Maintenant, il faut chercher des ________________ .

On peut surfer sur ________________ ,

aller au ________________ ,

écrire des ________________ ou des e-mails,

faire une ________________ , par exemple au collège, en ville, …

Quand vous lisez ces informations, prenez des ________________ .

Ecrivez les ________________ .

> informations – blousons – messages
> la mer – Internet – le portable
> CDI – toilettes – gymnase
> lettres – poèmes – article
> recette – enquête – racket
> notes – cahier – livres
> question – tout – mots-clés

3. Préparer la présentation

Pour présenter les résultats de votre recherche, vous faites une

________________ ,

ou vous écrivez un ________________ .

Et le jour de l'exposé: il ne faut surtout pas paniquer!

> affiche – exposé – article
> article – poème – question

VOC 17 Salade de mots → *an beliebiger Stelle*

1. Une fille a donné des coups à Karim et lui a pris son argent. C'est du ? .
2. La 4ᵉA fait un ? .
3. C'est un projet contre la ? .
4. Les élèves pensent qu'il faut faire ? . contre le racket.
5. D'abord, ils cherchent des informations sur ? .
6. Ils cliquent sur les ? .
7. Plusieurs élèves prennent des ? .
8. A la fin, le groupe de Naïma prépare un ? sur l'ordinateur.

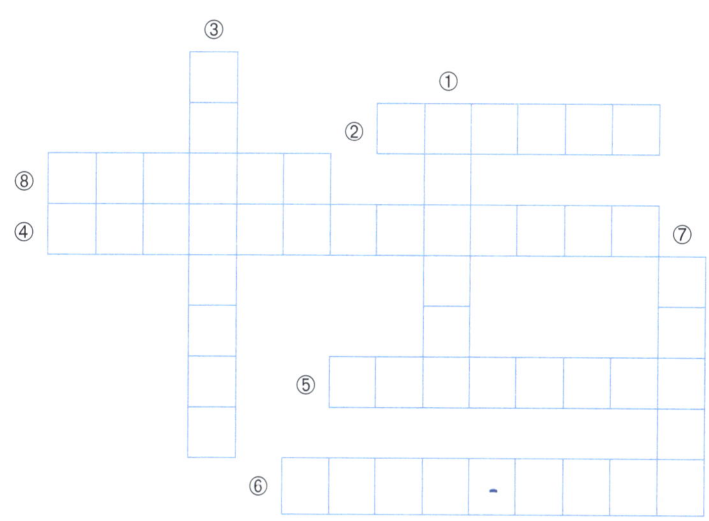

6

auto-contrôle

1 Qu'est-ce qu'on dit en français?

a *Trouvez les bonnes réponses.*

1. Tu as rendez-vous avec une copine à 15 heures. Elle arrive une heure plus tard.
   - ☐ Ce n'est pas une mauvaise idée!
   - ☐ Tu n'as pas raison.
   - ☐ Ah! Te voilà enfin!

2. Tu vas raconter à tes copains que votre prof a une nouvelle voiture de sport:
   - ☐ L'affaire est réglée.
   - ☐ Ce n'est pas du tout important.
   - ☐ Vous savez quoi?

3. Les élèves de ta classe disent au prof principal qu'il y a un problème. Il répond:
   - ☐ Pas du tout.
   - ☐ Je vous écoute.
   - ☐ Vous me dites comment vous faites.

4. Tu apprends qu'il y a encore eu un racket dans ton collège. Tu dis aux autres élèves:
   - ☐ Comment ça?
   - ☐ Il faut faire quelque chose!
   - ☐ Ça m'a beaucoup plu.

b *Vos correspondants français ont passé une semaine chez vous.*
Tu fais une interview avec ton correspondant pour le journal de ton collège.

Du hast eine Woche in Deutschland verbracht. Hat dir der Schüleraustausch gefallen?

____

____

Je suis très content de cet échange. Ça m'a beaucoup plu.

Was hast du gelernt?

____

Ben … la langue allemande n'est pas facile. Mais j'ai appris beaucoup de vocabulaire et j'ai beaucoup parlé. Ça m'a été très très utile.

Wie hast du die Unterrichtsstunden in unserer Schule gefunden?

____

____

Je trouve que les profs allemands sont souvent très sympas. Ils discutent beaucoup avec leurs élèves. Mais les élèves allemands ne travaillent pas beaucoup.

Ich bin nicht mit dir einverstanden! Ich finde, dass wir in Deutschland wichtige Dinge lernen: Zum Beispiel, wie man ein Referat hält.

____

____

____

Tu as raison. Ça, c'est important.

Danke für das Interview. Oh! Ich bin spät dran. Ich habe jetzt Französisch. Kommst du mit?

____

____

2 Je t'écris, tu m'écris. *(G 30)*

Complétez avec les formes des verbes.

1. Les élèves allemands ________ (écrire) des e-mails à leurs correspondants de Toulouse. 2. Selim ________ (écrire) à Jean, son correspondant. 3. Dans son e-mail, il lui ________ (dire) qu'il ne connaît pas le rugby, mais que les élèves de sa classe ________ (connaître) Zebda. 4. Selim ________ (décrire) Hambourg à Jean: 5. «Tu me ________ (dire) dans ton e-mail que vous avez un accent à Toulouse. Et ben, à Hambourg, nous ________ (dire) ‹Moin Moin› pour ‹Guten Tag!›. 6. En classe, nous ________ (lire) en ce moment des articles sur Toulouse et sa région. 7. Maintenant, nous ________ (connaître) un peu la ‹ville rose›. 8. Nous ________ (écrire) un article sur Toulouse pour la page Internet de notre collège. 9. Vous ________ (dire) dans votre lettre du 15 avril que vous lisez déjà des livres en allemand! 10. Quels livres est-ce que vous ________ (connaître)? 11. Moi, en ce moment, je ________ (lire) un ‹Comic› – comment vous ________ (dire) pour ‹Comic› en français? Je ne ________ (connaître) pas encore le mot, ou j'ai peut-être oublié … 12. Mes parents ________ (dire) toujours que le français est une belle langue. 13. Moi, je leur ________ (dire, passé composé) que c'est aussi très utile pour avoir des amis en France!»

3 Il faut leur parler! *(G 22, 29)*

*Remplacez les parties en gras par **lui, leur** ou **le, la, les**.*

1. Naïma et Théo demandent **à Jean**: «On parle du racket **à M. Boussac**?»
   Naïma et Théo lui demandent: ________
2. Ils veulent aider **Jean**. Ils veulent … ________
3. Jean répond **à Naïma et Théo** qu'il est d'accord. ________
4. Naïma et Théo vont voir **M. Boussac**. Ils vont ________
5. M. Boussac écoute **ses élèves**. ________
6. M. Boussac parle à **la principale**. ________
7. Mme Garcia interroge **Jean et Paul**. ________
8. Elle téléphone **aux parents de Paul**. ________
9. Paul demande pardon **à Jean**. ________
10. Il apporte le blouson **à Jean**. ________
11. Jean dit merci **à Naïma et Théo**. ________

LEÇON 7

d'abord

1 Tout le monde *(G 33)* → *nach d'abord, S. 74*

a *Trouvez les mots qui manquent.* otus teuto ustote tout

1. ___________ le week-end
2. ___________ la journée
3. ___________ les garçons
4. ___________ les filles

b *Complétez avec* ***tout, toute, tous*** *et* ***toutes + article.***

21 juin. Fête de la Musique à Toulouse. Hier, ___________ ville a fait la fête pendant ___________ journée. ___________ gens, petits et grands, sont allés dans la rue. Sur ___________ places, dans ___________ rues, mais aussi dans ___________ salles, on a entendu de la musique: du rap, du pop-rock, … Zebda a joué ___________ chansons de son nouveau CD. ___________ fans ont crié et chanté. ___________ monde a trouvé l'ambiance super. Quelques groupes ont chanté pendant ___________ nuit[1].

2 L'argent, c'est important pour toi? *(G 34)* → *nach d'abord, S. 74*

Complétez les dialogues avec ***moi, toi, lui/elle, nous, vous, eux/elles.***

a Céline a un problème …

Marine: Mais pourquoi est-ce que tu fais cette tête, Céline?

Céline: Ben … tous mes copains ont un portable. Mais ___________, je n'ai pas d'argent pour ça. C'est trop cher. Et regarde Léa et Silvie! ___________, elles font du shopping tout le temps. Tu as vu Frédéric? ___________, il a un nouveau scooter! Et ses copains, ___________, ils ont aussi des scooters. Et des baskets chères …

Marine: Je sais. Mais écoute, Céline. ___________, on a peu d'argent, d'accord. Mais ___________, je pense que l'argent, ce n'est pas tout. Et ___________, tu es ma copine – avec ou sans portable!

Céline: Hm … Tu as peut-être raison.

b Louis et David rentrent ensemble du collège.

Louis: Je vais en ville avec Hugo et Luc. J'ai rendez-vous avec ___________ à cinq heures. Tu viens avec ___________? On va acheter un cadeau pour mon frère.

David: Pourquoi pour ___________? Il a déjà eu son anniversaire, non?

Louis: Oui, mais il a réparé le scooter de Luc.

David: Ah, d'accord. Mais moi, je ne peux pas. Cet après-midi, je vais chez Léa.

Louis: Quoi? Tu vas vraiment chez ___________? Mais cette fille n'est pas sympa avec ___________! Hier, elle a discuté avec sa grande copine Lisa. Elles ont parlé de ___________ et elles ont beaucoup rigolé.

David: Et alors? Avec Léa, c'est toujours marrant. On rigole bien avec ___________, c'est tout.

Louis: Sans ___________ aussi! Alors, bon après-midi!

---

1 **la nuit** [lanɥi] – die Nacht

3 Tout le monde a un scooter. → *nach Texteinführung*

Julien téléphone à son cousin Louis de Donneville.
Complétez le dialogue.

Julien: Salut, Louis! Ça va, toi, à Donneville?

Louis: Non, pas trop bien.

Julien: Mais pourquoi?

Louis: Ben, ______________________________

____

____

____

Julien: Et tes parents ne veulent pas t'acheter de scooter?

Louis: C'est ça, le problème. Ma mère pense que ______________________________

et mon père dit que ______________________________

Julien: Mais tu peux gagner de l'argent, non?

Louis: Oui. Mes parents disent que je peux ______________________________

ou que ______________________________

Julien: Ce n'est pas une mauvaise idée!

Louis: Oui, mais ______________________________: un de mes copains,

David, vend son scooter pour ______________.

Julien: C'est beaucoup d'argent. Tu peux peut-être payer David tous les mois[1], avec ton argent de poche!

Louis: Mais ça veut dire que je n'ai pas d'argent de poche pendant deux ans! Non, je dois trouver une autre solution …

1 **un mois** [ɛ̃mwa] – ein Monat

4 Les voleurs à la Samaritaine *(G 33) → nach SB Ü 3, S. 76*

Lundi matin, à 8 h, la police arrive à la Samaritaine. C'est la catastrophe!

Regardez les dessins et complétez les phrases.

Le chef de la Samaritaine:

Regardez, monsieur l'agent! Les voleurs ont volé toutes les jupes, mais ils ont laissé tous les jeans.

Ils ont volé ______________________________

____

____

____

____

____

____

____

Agent: On a volé des jupes, des bracelets … Peut-être que ce ne sont pas des vol**eurs**, mais des vol**euses**!

5 Un autre problème de scooter *(G 34) → nach SB Ü 4, S. 76*

Lest zuerst den ganzen Satz, um den Zusammenhang zu verstehen. Füllt erst dann die Lücken aus.

Les filles, elles, ont aussi un problème de scooter …

Complétez avec ***moi, toi, elle/lui, nous, vous, elles/eux****.*

Lisa: __________ aussi, je voudrais bien avoir un scooter comme __________, Lola.

La sœur de Lisa: Mais tu sais bien, Lisa, nos parents ne le veulent pas. Chez __________ à la maison, ce n'est pas facile … __________, tu as fait comment avec tes parents, Lola?

Lola: __________, j'ai eu de la chance. Mon cousin Thomas a voulu vendre son scooter. J'ai discuté du prix avec __________ et puis, __________ et moi, nous sommes allés chez mes parents. __________, ils n'ont pas été très contents parce qu'ils trouvent que c'est trop dangereux pour __________.

Lisa: Et __________, qu'est-ce que vous avez fait alors?

Lola: Ben … __________, j'ai été très triste. J'ai promis de faire très attention sur le scooter. Puis, mes parents ont discuté entre __________. Mon père a expliqué à ma mère qu'un scooter ne va pas très vite … Et à la fin, elle a été d'accord.

Lisa: Dis donc, tes parents ne veulent pas venir chez __________ un jour?

6 C'est l'anniversaire de Lola. *(G 35)* → *nach SB Ü 5, S. 77*

Complétez avec les formes de **offrir** *au* ***passé composé****, au* ***présent*** *et au* ***futur composé****.*

Lola: Salut les copains! Entrez. Je vous ________________ un verre. Je suis super contente: **ce matin**, ma mère et mon père m' ont ________________ un bracelet. Thomas m' a ________________ son aide pour la fête. Et **demain**, mes grands-parents vont m' ________________ un nouveau scooter – peut-être …

Lisa et sa sœur: Et nous, nous t'________________ aussi un super cadeau. Tu vas voir. Ouvre!

Lola: Ah! Le nouveau CD de KYO! Et **hier**, David m'________________ le CD de Faudel. C'est sympa! Merci!

David: Mais, ça sent bon! Moi, j'ai une petite faim. Tu nous ________________ quelque chose à manger?

Lola et Thomas: Bien sûr. On vous ________________ une pizza «Lola»!

7 Enfants et parents – Ce n'est pas facile. *(Tandembogen im Annexe)* → *nach SB Ü 6, S. 77*

8 Tu es en colère? → *nach SB Ü 7, S. 77*

a *Complétez la grille.*

Un garçon peut être …	Une fille peut être …	en allemand	Un garçon peut être …	Une fille peut être …	en allemand
excité				stressée	
	triste				stolz
		genervt	vexé		
content					

b *Ecoutez le CD. Est-ce que la personne est fière, triste, énervée, excitée, stressée?*

1. Il est ________________
2. Elle ________________
3. ________________
4. ________________
5. ________________
6. ________________

c *Faites des groupes de quatre élèves. Chaque élève prend un rôle. Jouez le dialogue, comme au théâtre: Essayez d'être fier, énervé, triste, … Vous pouvez exagérer (übertreiben) un peu! Puis, changez de rôle.*

Hugo, ***fier****:* Tu as vu mon nouveau scooter? Il est super cool, non?
Lisa, ***énervée****:* Toi et ton nouveau scooter! Ça ne m'intéresse pas!
Denis, ***triste****:* Moi, je le trouve super, ton scooter. Je voudrais aussi m'acheter un scooter comme ça. Mais je n'ai pas assez d'argent …
Louis, ***content****:* Moi, maintenant, je suis super content. Je vais travailler à l'hôtel-restaurant. Avec cet argent, je peux m'acheter le scooter de David …
Lisa, ***en colère****:* L'argent, l'argent! Vous, vous parlez toujours d'argent! C'est idiot!
Louis, ***stressé****:* Oh, il est déjà 17 heures! Mon travail commence dans une heure. Je ne dois pas être en retard. Je vous laisse. Salut!
Hugo, ***excité****:* Moi, ce soir, je vais à Toulouse avec Lola. On va danser!
Lisa, ***vexée****:* Mais toi et moi, on a rendez-vous au cinéma ce soir, non? Tu as oublié?

9 stratégie Dans une famille française → *nach SB Ü 9, S. 78*

a Tu discutes avec ton correspondant français. Mais tu ne connais pas tous les mots.
Relisez la stratégie de votre livre (p. 78) et expliquez les mots suivants. Puis, écrivez les mots en français.

Vergleich: «C'est (un peu comme) une orange.» «C'est, par exemple, ‹Granny Smith›.»
Gegenteil / Unterschied: «Ce n'est pas orange, mais c'est vert, rouge ou jaune.»
Beschreibung: «C'est un fruit.» «On le trouve au marché et au supermarché.»
Nutzen: «C'est quelque chose à manger (comme dessert, pendant la récré …).» «On peut faire du jus avec ce fruit.»
Et alors, qu'est-ce que c'est? C'est ______________________!

die Ferien	– C'est quand ______________________ ______________________	– Ce sont ______________________
ein Kleid	– C'est ______________________	______________________
schwarz	– ______________________	______________________
Turnschuhe	– ______________________	______________________
geschlossen	– ______________________	______________________
eine Bäckerei	– ______________________ ______________________	______________________
traurig	– ______________________ ______________________	______________________

b *Contrôlez vos solutions avec la liste des mots de votre livre (p. 164).*
Puis, faites des devinettes (Rätsel): chaque élève choisit cinq mots français. Puis, il les décrit et son voisin doit les trouver.

1. ______________________
2. ______________________
3. ______________________
4. ______________________
5. ______________________
6. ______________________

auto-contrôle

1 Qu'est-ce qu'on dit en français?

Traduisez.

Fanny: Alle Jugendlichen in meinem Alter haben einen Fernseher in ihrem Zimmer, nur ich nicht.

____

Es ist immer dasselbe bei uns. Ich kann nie meine Filme sehen. Ich bin wütend!

____

____

Jean: Aber du kannst einen Fernseher für dein Zimmer kaufen, oder (nicht wahr)?

____

Fanny: Ich habe nicht genug Taschengeld dafür. Ein neuer Fernseher ist zu teuer (kostet zu viel).

____

Jean: Ich denke, ich kann etwas für dich tun. Ich frage meinen Bruder, ob er dir seinen kleinen Fernseher verkauft.

____

____

2 Vocabulaire

Complétez avec les mots suivants:

vends	**désolé**	**sauf**	**vélo**	**assez**	**tous**	**offre**	**gagner**	**garage**	**coûter**	**quand**

– __________ mes copains ont un VTT, __________ moi. Moi aussi, je voudrais acheter un nouveau __________. Mais ça ne doit pas __________ cher. Est-ce que tu peux m'aider?

– Peut-être: Je __________ mon vélo pour 150 euros …

– Je suis __________. C'est encore trop cher. Je n'ai pas __________ d'argent.

– Ben, alors … Je travaille dans un __________. Si tu veux __________ de l'argent, je t'__________ un travail pour deux week-ends. Il faut ranger tout le garage. Et puis, je te donne le vélo. Tu peux commencer __________ tu veux.

– Super! Alors, je commence ce week-end!

3 Tous les copains sont là. *(G 33)*

Complétez les expressions françaises avec «tout».

Je vais au collège __________ (jeden Tag (alle Tage)) jours. Là, je travaille __________ (den ganzen Tag) journée. Pour la fête du collège, j'ai invité __________ (alle Freundinnen). __________ (Jeder/Alle) est venu à la fête. A la fin, j'ai mangé __________ (die ganze Schokolade) … et j'ai été malade __________ (das ganze Wochenende).

Nun hast du fast zwei Jahre Französisch gelernt und kannst etwas ausführlicher Bilanz ziehen:
Es geht zunächst wieder um deine **sprachlichen Fortschritte**, dann aber auch, wie schon auf Seite 3 des *Cahier*, um neu erworbene **Lerntechniken** – und schließlich um deine **Frankreichkenntnisse**!

Meine Sprachkenntnisse

Kreuze an, was du wie gut kannst. Mache den vorgeschlagenen Test, wenn du unsicher bist.

Ich kann …

Hören	Klappt super!	Muss ich noch üben!	Teste dich durch folgende Übungen:
1. … Lautsprecherdurchsagen verstehen (z.B. auf dem Bahnhof: Abfahrts- und Ankunftszeiten, Gleis, …).			Wiederholt im CdA auf S. 54 die Übung 5. (Verdeckt die Lösungen.)
2. … Zahlen bis 10.000 verstehen.			Diktiert euch jeweils fünf schwierige Zahlen zwischen 1.000 und 10.000.
3. … umgangssprachliche (z.B. halb 6) und offizielle Zeitangaben (z.B. 17 h 30) verstehen.			Diktiert euch gegenseitig je drei umgangssprachliche und drei offizielle Uhrzeiten.
4. … eine Wegbeschreibung verstehen.			Beschreibt euch gegenseitig euren Schulweg (bzw. den Weg zum Bus, zur Straßenbahn …).
5. … Gestik, Mimik, Stimmstärke usw. zum Verstehen nutzen.			Wiederholt zu zweit die Übung 8 c auf S. 79 im CdA. (Sprecht die Rollen abwechselnd.)

Miteinander sprechen	Klappt super!	Muss ich noch üben!	Teste dich durch folgende Übungen:
1. … Auskünfte einholen und geben (z.B. am Bahnschalter: Fahrkarte, Preis, Abfahrtszeit des Zuges, Bahnsteig, …).			Wiederholt im CdA auf S. 62 die *auto-contrôle*-Übung 1 mit verdeckten Lösungen, oder macht im Buch auf S. 69 die Übg. 1 *(«En français»)*.
2. … nach dem Weg fragen und einen Weg beschreiben.			Macht im Buch auf S. 59 die Übg. *«Visiter Paris à pied»*.
3. … Personen beschreiben.			Jeder beschreibt eine Person, die ihr beide kennt. Der Partner findet heraus, um wen es sich handelt.
4. … Gefühle ausdrücken.			Wiederholt die Übung 7 auf S. 77 im Buch.

Lesen	Klappt super!	Muss ich noch üben!	Teste dich durch folgende Übungen:
1. … in einfachen Alltagstexten, (z.B. Fahrplänen) konkrete Informationen finden.			Wiederholt im Buch auf S. 58 die Übung 2.
2. … Texte auch durch andere Informationen, z.B. Bilder verstehen.			Seht euch den Text auf S. 67 im Buch an. Warum nennt man Toulouse *«la ville rose»* ? Was ist ein *«cassoulet»*?

Schreiben	Klappt super!	Muss ich noch üben!	Teste dich durch folgende Übungen:
1. … einen Steckbrief mit Angaben zu Augenfarbe, Größe, Alter usw. anfertigen.			Beschreibt euch in einem kleinen Selbstporträt (fünf Sätze).
2. … Fragen für ein Interview zu einem bekannten Thema aufschreiben und das Ergebnis der Befragung präsentieren.			Macht eine kleine Umfrage (3 Fragen) zum Thema *La violence dans notre collège* und präsentiert eure Ergebnisse (S. 66, Übung 4 im Buch).

Meine Lernstrategien

Auch dein „Werkzeugkasten" an Lernstrategien hat sich im Laufe des Jahres erweitert.
Welche der neuen Strategien hast du schon ausprobiert? Kreuze an.

	Schon ausprobiert	Werde ich noch ausprobieren	Hier kannst du die Strategie nachlesen
1. Fehler in eigenen Texten erkennen und korrigieren.			Buch S. 22, Übung 7 Buch S. 36, Übung 4
2. Wörter aus dem Kontext oder durch Ableitung aus anderen Sprachen erschließen.			Buch S. 53, Übung 1 CdA S. 58, Übung 14
3. Neue Wörter in Satzzusammenhänge bringen und lernen.			CdA S. 54, Übung 6
4. Ein kurzes Referat zu einem selbst gewählten Thema vorbereiten und halten.			Buch S. 66, Übung 4
5. Gesprächsstrategien anwenden.			Buch S. 78, Übung 9

Die französische und meine eigene Kultur

Nach zwei Jahren Französisch weißt du schon eine Menge über Frankreich und das Leben dort.

Was hast du Neues über Paris gelernt?

___

___

Welche anderen französischen Städte und Regionen kennst du? Nenne auch ihre Besonderheiten, berühmte Sehenswürdigkeiten, typische Freizeitaktivitäten …

___

___

Was fällt dir zum Thema Essen und Trinken in Frankreich ein? Was ist anders als bei dir zu Hause?

___

___

Welche französischsprachigen Musikgruppen und Lieder kennst du?
Gibt es ähnliche Gruppen, die auf Deutsch singen?

___

___

Schreibe Wörter aus der französischen Jugendsprache auf und suche deutsche Entsprechungen:

___

___

Was kannst du besonders gut? An welchem der vier Bereiche möchtest du in den kommenden Wochen noch arbeiten? Und wie möchtest du das angehen? (welche Übungen machen, welche Strategien ausprobieren, …?) Trage deine größten Stärken und deine Ziele in die Rakete Ariane ein.

Module

1 Une rando dans les Pyrénées (G 18, 36) → nach SB Ü 2 und 3, S. 81

Les élèves de la 4[e]A du collège Bellevue de Toulouse vont faire une rando dans les Pyrénées pendant trois jours. C'est le jour du départ. M. Boussac doit organiser beaucoup de choses.

W **a** *Faites des phrases avec l'impératif.*

1. *M. Boussac:* **Mettez les tentes dans le bus, Fanny et Arthur.**
   (mettre les tentes dans le bus)
2. Et toi, Loïc, Appate les bouteilles d'eau.
   (apporter les bouteilles d'eau)
3. Bon. Et vous, Théo et Naïma, Achetez du pain à la boulangerie
   (acheter du pain à la boulangerie)
4. Tiens, Jean, Met la carte des Pyrénnées dans ton sac
   (mettre la carte des Pyrénées dans ton sac)
5. Et maintenant, (dirent) au revoir à vos parent set monte dans le bus
   (dire au revoir à vos parents / monter dans le bus)

Après trois heures en bus, ils arrivent enfin au Cirque de Gavarnie[1]. Les élèves veulent tout de suite commencer la rando. Mais M. Boussac leur explique d'abord quelques règles à respecter …

> **!** Attention:
> **Ne pas** déranger
> → **Ne** dérange **pas**!

b *Faites des phrases avec l'impératif à la forme négative!*

1. Ne laissez rien dans le bus.
   (ne rien laisser dans le bus)
2. Ne quitte pas le groupe pendant la rando.
   (ne pas quitter le groupe pendant la rando)
3. **Théo,** ne pas oublie ton sac à dos!
   (ne pas oublier ton sac à dos)
4. **Jean,** ne prend pas la carte des Pyrénées.
   (ne pas perdre la carte des Pyrénées)
5. Ne mangez pas trop à midi.
   (ne pas manger trop à midi)
6. Ne laissez pas de paquets de chips dans la nature
   (ne pas laisser de paquets de chips dans la nature)

2 Des kilomètres à pied … (G 36) → nach SB Ü 4, S. 81

Après deux heures de rando, quelques élèves sont fatigués …

*Complétez avec les **verbes à l'impératif** et avec les pronoms **-moi** et **-nous**.*

1. *Fanny et Jean:* Théo! Naïma! ____________ (attendre) - ________. Nous sommes fatigués.
2. *M. Boussac:* Déjà? Alors, d'accord. ____________ (écouter) - ________, on va faire la pause ici.
3. *Jean:* Super! J'ai faim! Théo, ____________ (passer) - ________ le pain, s'il te plaît.
4. *Théo:* Voilà! Et toi, ____________ (donner) - ________ les tomates.
5. *Jean:* Oh! Zut! Les tomates, c'est du jus maintenant …
6. *Naïma et Arthur:* Théo, ____________ (aider) - ________. Tu peux nous ouvrir le paquet de jambon avec ton couteau?

   Théo: Bien sûr, tout de suite. – Ça ne va pas, Fanny?
7. *Fanny:* Ben … ____________ (regarder) - ________. Je dois être rouge comme une tomate.

   ____________ (donner) - ________ ta crème, s'il te plaît.

1 **le Cirque de Gavarnie** [ləsiʀkdəgawaʀni] von steilen Felsen umgebener Talkessel in den Pyrenäen

Le cirque de Gavarnie, dans les Pyrénées.

3 L'arrivée *(G 36)* → *nach SB Ü 5, S. 81*

Le soir, les élèves arrivent au Plateau de Bellevue. Ils vont passer la nuit dans un gîte[1].

a *Complétez les phrases avec les verbes soulignés à l'impératif et les pronoms* ***-le / -la / -les****.*

1. *Justine:* M. Boussac! On met nos sacs dans les chambres?

   M. Boussac: Oui, ______________-_______ à côté de vos lits.

2. *Arthur:* Et nos chaussures? On les laisse aussi dans les chambres? Ça ne sent pas bon …

   M. Boussac: Alors, ______________-_______ devant la porte.

3. *Fanny:* Naïma et moi, on prépare la purée.

   M. Boussac: Bonne idée. ____________________-_______. Et toi, Jean, aide-_______.

4. *Jean:* Mais je préfère préparer le dessert, moi!

   M. Boussac: D'accord, ________________-_______, si tu veux.

5. *Théo:* Je mets la table avec Arthur.

   M. Boussac: Oui, ____________-_______ tout de suite, s'il vous plaît. Tout le monde a faim?

6. *Arthur:* J'apporte les bouteilles d'eau?

   M. Boussac: Oui, ________________-_______ et mets-_______ sur la table.

b *Complétez les phrases avec les verbes soulignés à l'impératif et avec* ***-lui / -leur****.*

1. *Jean:* Je peux écrire un SMS à ma copine avec ton portable, Théo?

   Théo: Ben … oui. ____________-_______, si tu veux. Tiens.

2. *Naïma:* Ce soir, nous voulons écrire à nos correspondants.

   M. Boussac: Super. ________________-_______ une lettre en allemand. Et à la fin, tout le monde signe.

3. *Théo:* Moi, je montre la rando de demain à Fanny. Tu me donnes la carte, Jean?

   Jean: Voilà. Explique-_______ surtout que ce n'est pas trop loin! ;-))

1 **un gîte** [ɛ̃ʒit] eine Berghütte

module 2

1 Le matin, chez moi en Allemagne *(G 37) → nach SB Ü 3, S. 83*

Dans un e-mail à ton correspondant / ta correspondante française, tu décris comment tu te prépares le matin avant le collège – et pendant le week-end. Ecris l'e-mail dans ton cahier. (8 phrases minimum)
Utilise: ***à … heures, d'abord, alors, enfin, pendant ce temps, plus tard, puis, vite.***

Voilà des idées:

se réveiller aller dans la salle de bains se laver se coiffer	prendre une douche s'habiller se dépêcher être pressé(e)	prendre le petit-déjeuner quitter la maison prendre le bus / le tram / le vélo arriver au collège

Exemple:
Pendant la semaine, je me réveille à …
Mais pendant le week-end, je … *Continuez.*

2 Chez les Marot, on ne s'énerve jamais. *(G 37) → nach SB Ü 5, S. 83*

Samedi soir, chez les Marot: monsieur et madame Marot vont au restaurant. Lucie va danser. Clément a rendez-vous avec une copine. Et tout le monde se prépare pour la soirée …

Regardez les dessins et complétez les phrases.

Mme Marot: Lucie, tu se dépêche (se dépêcher), s'il te plaît?

Lucie: Oui, maman, je se dépêche (se dépêcher). Mais il me faut encore cinq minutes. Je se coiffe (se coiffer).

M. Marot: Zut! Zut! Et zut!

Mme Marot: Mais qu'est-ce qu'il y a? Pourquoi est-ce que tu s'énervé (s'énerver)?

M. Marot: Je ne pas s'énerve (ne pas s'énerver)! Je suis très très calme. Mais regarde …

Clément: Vous se disputé (se disputer), ou quoi?

M. et Mme Marot: Mais non! Nous ne se dispute pas (ne pas se disputer)! Nous se calmons (se calmer) tout de suite!

Lucie: Tu vois, Clément, c'est toujours comme ça avec eux … Quand il faut se dépêcher, ils s'énervent (s'énerver).

Clément: Bon, ben … Alors, moi, je s'habille (s'habiller) et je se coiffe (se coiffer) dans ma chambre. Comme ça, maman ne s'énerve pas (ne pas s'énerver) à cause de mon look …

module 3

1 Hugo et Lola au club CroqVacances (G 38) → nach SB Ü 3, S. 85

Hugo et Lola passent leurs vacances au club CroqVacances en Corse[1].
*Complétez les phrases et utilisez **qui, que, où**.*

1. A Toulon, ils prennent le bateau qui va à Bastia. ______
   Le bateau va à Bastia.
2. En Corse, ils sont dans un camping ______
   Le camping est près de la plage.
3. et ______
   Au camping, l'ambiance est super.
4. Ils rencontrent des jeunes ______
   Les jeunes viennent de toute la France.
5. et ______
   Ils sont très sympas.
6. Pendant la journée, il font des activités ______
   Les activités donnent la chair de poule.
7. et ______
   Lola adore ces activités.
8. A midi, ils vont souvent dans un petit café ______
   Le café est au bord de la plage.
9. et ______
   Dans ce café, il y a de la très bonne glace.
10. Hugo achète beaucoup de cartes postales ______
    Il écrit ces cartes à ses copains de Toulouse.
11. Le soir, les jeunes font des fêtes ______
    Ils dansent et rigolent beaucoup à ces fêtes.
12. Ils passent des vacances ______
    Ils ne vont jamais oublier ces vacances.

La Corse.

1 **la Corse** [lakɔʀs] Korsika

M

2 C'est qui? C'est quoi? C'est où? *(G 38)* → *nach SB Ü 5, S. 85*

*Complétez les phrases avec **qui, que, où** et trouvez les solutions.*

1. C'est une ville
_____ il y a des plages et des rochers.
_____ est dans le nord de la Bretagne.
_____ beaucoup de touristes visitent.
C'est ______________________

2. C'est une fille
_____ a souvent des disputes avec son petit frère.
_____ habite à Grenoble.
_____ son grand-père adore.
C'est ______________________

3. C'est une région
_____ on mange du Cassoulet.
_____ est dans le sud de la France.
_____ on fait beaucoup de rugby.
C'est la région ______________________

4. C'est un prof
_____ les élèves aiment bien.
_____ habite à Toulouse.
_____ fait des projets intéressants avec sa classe.
C'est ______________________

5. C'est un vêtement
_____ ne sent pas toujours bon.
_____ on porte au pied.
_____ ne coûte pas cher.
C'est ______________________

6. C'est un magasin
_____ est sur les Champs-Elysées.
_____ on achète des CD.
_____ il y a souvent des stars – et des fans.
C'est ______________________

7. C'est un groupe
_____ on écoute beaucoup en France.
_____ vient de Toulouse.
_____ Thomas Ravel adore.
C'est ______________________

module 4

1 Comment est-ce que tu trouves ces chaussures? *(G 39)* *→ nach SB Ü 5, S. 87*

*Regardez les vitrines. Puis écrivez neuf phrases dans vos cahiers: trois phrases avec **plus que (⬀)**, trois phrases avec **moins que (⬂)** et trois phrases avec **aussi que (⇔)**.*

Exemples:

Les chaussures rouges sont plus belles que les chaussures noires.

Le T-shirt avec la tour Eiffel est moins cher que le T-shirt bleu.

Le jean bleu est aussi cher que le pull rouge.

Continuez dans vos cahiers.

2 Qu'est-ce que vous préférez? *(G 39)* *→ nach SB Ü 5, S. 87*

A l'école …	Du sport, du sport!	Un peu de géographie
⬀ / ⬂ / ⇔ **facile** l'allemand ou le français?	⬀ / ⬂ / ⇔ **dangereux** le cheval ou le rugby?	⬀ / ⬂ / ⇔ **grand** la France ou l'Allemagne?
⬀ / ⬂ / ⇔ **utile** les maths ou le sport?	⬀ / ⬂ / ⇔ **facile** le ping-pong ou la rando?	⬀ / ⬂ / ⇔ **petit** Paris ou Toulouse?
⬀ / ⬂ / ⇔ **intéressant** l'histoire ou la musique?	⬀ / ⬂ / ⇔ **intéressant** le canoë ou le roller?	⬀ / ⬂ / ⇔ **haut** l'Arc de Triomphe ou Notre-Dame?
⬀ / ⬂ / ⇔ **important** le français ou les maths?	⬀ / ⬂ / ⇔ **marrant** la natation ou le volley?	⬀ / ⬂ / ⇔ **beau** la tour Eiffel ou la tour Montparnasse?

a *Ecrivez vos réponses dans vos cahiers.*

Exemple: Pour moi, l'allemand est plus facile que le français. Je trouve que les maths … *Continuez.*

b *Discutez avec votre voisin et donnez votre avis.*

Exemple: *Leo:* Je trouve que les maths sont plus utiles que le sport. Et toi?
Annika: Je ne suis pas d'accord! Je pense que le sport est aussi utile que les maths. *Continuez.*

3 C'est super! *(G 39)* *→ nach SB Ü 6, S. 87*

*Complétez les phrases avec le **superlatif (⇧)**.*

1. A Paris, il y a beaucoup de tours. Mais la tour Eiffel est [⇧haut] ______________ tour de Paris.
2. Chez les Marot, tout le monde est grand: madame Marot fait 1,75 m, monsieur Marot fait 1,90 m, Lucie fait 1,65 m, Clément fait 1,58 m. Monsieur Marot est [⇧grand] ______________ personne de la famille. Et Clément est [⇧petit] ______________ personne de la famille.
3. Emma adore le groupe Zebda. Pour elle, Pascal est [⇧bon] ______________ musicien du monde.
4. Naïma est très bonne en français. Avec 17 sur 20, elle est [⇧bon] ______________ élève de sa classe.

M

module 5

1 En Allemagne ou à Pont d'Arc? *(G 40) → nach SB Ü 3, S. 89*

*Relisez le texte à la page 88, puis répondez aux questions avec **y**.*

Manon

Sébastian

Alex

Charlotte et Marine

1. Est-ce que Manon va **en Allemagne** sans ses parents?

Oui, ______________________ sans eux. ______________________

2. Et Sébastien? Est-ce qu'il retourne **à Pont d'Arc**?

Non, ______________________. Il ______________________

3. Est-ce que Alex n'habite plus **à Saint-Malo**?

Mais si! Il ______________________ toujours. ______________________

4. Est-ce que Charlotte et Marine vont **à la fête d'anniversaire de Farid**?

Non, elles ______________________. Elles ______________________

2 Je n'en reviens pas! *(G 40) → nach SB Ü 4, S. 89*

*Relisez le texte et répondez aux questions avec **en**.*

1. Est-ce que Louis rentre **du collège**?

Oui, il ______________________

2. Est-ce qu'il revient **du garage** en scooter?

Non, il ______________________ à pied. ______________________

3. Est-ce que Lucie rentre **du hip-hop** à cinq heures?

Non, elle ______________________ à ______________________

4. Et les Cassepieds? Ils reviennent de la plage?

Non, ils ______________________. Ils ______________________

Tandembogen zu Lektion 1

9 Quand on veut, on peut. *(G 2) → nach SB Ü 3, S. 12*

*Arbeitet zu zweit. **Partner A** deckt die Spalte B und **Partner B** die Spalte A ab.*
*Führt zwei kleine Gespräche mit den richtigen Formen von **vouloir** und **pouvoir**.*
Korrigiert euch gegenseitig anhand der Lösungen in Klammern. Tauscht dann die Rollen.

A	B
Ecoute, tu ? (vouloir) faire du VTT avec moi demain?	(Ecoute, tu **veux** faire du VTT avec moi demain?)
(Non, je ne **peux** pas. Je **veux** faire du shopping avec mes copines.)	Non, je ne ? (pouvoir) pas. Je ? (vouloir) faire du shopping avec mes copines.
Et mardi? Tu ? (vouloir) faire de la voile?	(… Tu **veux** faire de la voile?)
(Oui, je **veux** bien. Et Nadine? Elle **peut** faire de la voile avec nous?)	Oui, je ? (vouloir) bien. Et Nadine? Elle ? (pouvoir) faire de la voile avec nous?
Euh … oui, si elle ? (vouloir). Paul et Jean ? (vouloir) aussi faire de la voile. Ça va être super!	(… si elle **veut**. Paul et Jean **veulent** aussi faire de la voile.)

A	B
Et pendant[1] les vacances, qu'est-ce que vous ? (vouloir) faire, Nadine et toi?	(… qu'est-ce que vous **voulez** faire, Nadine et toi?)
(Nous **voulons** faire de la musique.)	Nous ? (vouloir) faire de la musique.
Vous ? (vouloir) faire de la musique?	(Vous **voulez** faire de la musique?)
(… nous **voulons** être …)	Mais oui, nous ? (vouloir) être des superstars!
Oh là là! Vous ? (vouloir) être des superstars? Ha, ha!	(… vous **voulez** être …)
(… Nous **pouvons …**, si nous **voulons**.)	Ecoute. Ce n'est pas marrant! Nous ? (pouvoir) être des stars si nous ? (vouloir).

1 **pendant** [pɑ̃dɑ̃] während

Tandembogen zu Lektion 4

VOC **5 Lucie a fait les courses** *(G 17, 18) → nach SB Ü 3, S. 40*

Arbeitet zu zweit. Partner A deckt die Spalte B und Partner B die Spalte A ab.
Führt das Gespräch und ergänzt die Lücken.
Korrigiert euch gegenseitig anhand der Lösungen in Klammern. Tauscht dann die Rollen.

A (= monsieur Marot)	B (= Lucie)
Ah, tu es là, Lucie. Enfin! Alors, qu'est-ce que tu as acheté?	
(J'ai acheté **des tomates, du jambon, du jus d'orange** et **du lait.**)	Voilà. Regarde. J'ai acheté , ,  et .
Est-ce que tu as aussi acheté  et  ?	(Est-ce que tu as aussi acheté ***du café*** et **de la confiture**?)
(Non, mais j'ai acheté **de l'eau** et **du chocolat**.)	Non, mais j'ai acheté  et .
Tu as pris  à la boulangerie, non?	(Tu as pris **du pain** à la boulangerie, non?)
(… On a encore **du pain**. Et dans le frigo, il y a encore **des yaourts**.)	Regarde, papa. On a encore ! Et dans le frigo, il y a encore .
Alors, qu'est-ce qu'on va prendre au petit-déjeuner, demain matin, hein?  et  ? Génial!	(… qu'est-ce qu'on va prendre au petit-déjeuner demain matin, hein? **De l'eau** et **du pain**?)
(On a aussi **du chocolat** et **des céréales.**)	Mais, papa, ne t'énerve pas! On a aussi  et . C'est super bon au petit-déjeuner!
 et . Beurk! Pourquoi tu n'as pas acheté  et  ? Un petit-déjeuner sans café …	(**Du chocolat et des céréales.** Pourquoi tu n'as pas acheté **du café** et **de la confiture**?)
(… **beaucoup d'argent**, …)	Ben, papa, … j'ai oublié la liste des courses et puis, tu ne m'as pas donné beaucoup !
J'ai une bonne idée, Lucie: demain matin, on va au café «Chez Nicolas» pour le petit-déjeuner. D'accord?	Cool! Leurs croissants sont trop bons!

Tandembogen zu Lektion 7

7 Enfants et parents – Ce n'est pas facile! → *nach SB Ü 6, S. 77*

Arbeitet zu zweit. Partner A deckt die Spalte B und Partner B die Spalte A ab.
Führt das Gespräch und bildet Sätze mit den Verneinungen.
Korrigiert euch gegenseitig anhand der Lösungen in Klammern. Tauscht dann die Rollen.

A	B
Tu as un problème? Ça ? ? ? (ne pas / aller)?	(Ça **ne va pas**?)
(Mes parents **ne me comprennent pas**.)	Non. Mes parents ? ? ? ? (ne pas / me comprendre).
Moi, je pense que les parents ? ? ? ? (ne jamais / nous comprendre).	(… que les parents **ne nous comprennent jamais**.)
(… Mon père **ne veut pas** discuter avec moi et ma mère **ne m'écoute pas non plus**.)	Je suis d'accord avec toi. Mon père ? ? ? (ne pas / vouloir) discuter avec moi et ma mère ? m' ? ? ? ? (ne pas non plus / m'écouter).
Moi, j'ai eu une grande dispute avec mes parents parce que je veux un scooter. Maintenant, ma mère ? ? ? ? (ne plus / me parler).	(… ma mère **ne me parle plus**.)
(… ça **ne va pas non plus**. Mes parents **n'aiment pas** mes copains. Ils **n'aiment pas non plus** ma musique. … Vraiment, ils **n'aiment rien**.)	Moi, j'ai un scooter, mais ça ? ? ? ? ? (ne pas non plus / aller). Mes parents ? ? ? (ne pas / aimer) mes copains. Ils ? ? ? ? ? (ne pas non plus / aimer) ma musique. Et puis, ils détestent mes vêtements. Vraiment, ils ? ? ? (ne rien / aimer)!
Et moi, ils ? me ? ? (ne rien / me donner). Je ? ? ? (ne plus / avoir) d'argent de poche parce que je ? ? ? (ne jamais / aider) assez à la maison.	(… ils **ne me donnent rien**. Je **n'ai plus** d'argent de poche parce que je **n'aide jamais** assez à la maison.)
(Tu **n'as pas encore pensé** à donner des cours de maths? Ma sœur, par exemple, **ne comprend rien** en maths …)	Tu ? as ? ? ? (ne pas encore / penser) à donner des cours de maths? Ma sœur, par exemple ? ? ? (ne rien / comprendre) en maths – et tu es très bon(ne) en maths!
Pourquoi pas? Ce n'est pas une mauvaise idée.	

Lösungen der *auto-contrôle*-Übungen

Hier findest du die Lösungen zu den *auto-contrôle*-Übungen. Wenn du noch Fehler gemacht hast, schau dir die Tipps in der rechten Spalte an.

LÖSUNGEN

Vous êtes prêts? (S. 4-5)

1 Qu'est-ce qu'ils disent?

1. *Pierre:* Salut, Charlotte!
2. C'est dans la rue de la Chine.
3. *Cliente:* C'est à moi.
4. *Client:* Deux kilos de tomates, s'il vous plaît.
5. Ils vont faire la fête au club de roller.
6. Ils vont faire la fête samedi.

2 Des touristes à Paris

1. **au** Centre Pompidou, **à la** tour Eiffel
2. **du** quartier Gambetta, **du** parc Debrousse, **du** Sacré-Cœur, **des** peintres, **du** Tertre
3. **A la** Samaritaine, **au** café, **aux** toilettes
4. **à** l'hôtel
5. **du** Centre Pompidou, **de l'**église Notre-Dame, **de la** tour Eiffel

3 Dans ma chambre

a 1. Elle est dans sa chambre. 2. Elle met son pull, sa casquette, ses bracelets, son sac et ses photos sur la table. 3. Elle explique: «Voilà mon pull, ma casquette, mes bracelets, mon sac et mes photos.»
b 1. leur fête, 2. leur classe, 3. leurs devoirs d'allemand.
c 1. vos chiens, 2. notre pizza, 3. nos quiches.

4 C'est le week-end!

machen: **faire**, etwas anschauen: **regarder**, bleiben: **rester**, etwas anziehen: **mettre**, tanzen gehen: **aller danser**, haben: **avoir**, gehen: **aller**, etwas hören: **écouter**.

1. on fait, 2. nous allons, 3. vous faites, 4. je vais; je regarde, 5. tu écoutes, 6. je fais; on a, 7. vous restez; je mets; je vais danser.

LEÇON 1 auto-contrôle (S. 13–14)

1 Qu'est-ce qu'on dit en français?

1. Regardez. Ici, on peut faire de l'athlétisme. Ça vous intéresse?
2. Non, ça ne m'intéresse pas. Je préfère jouer au foot.
3. A Méribel, on peut faire du ski. C'est cool.
4. Moi, je déteste le ski. Je veux passer mes vacances à Pont d'Arc. Là, je peux faire du canoë.
5. Faire du canoë? Non, je n'ai pas envie. Moi, je préfère jouer au volley.
6. Je ne sais pas. Le volley, c'est nul. A Biarritz, on peut faire de la voile et du surf. C'est super!

2 Vocabulaire

1. ses **vacances**; **du camping**, 2. il **peut** faire **de la voile**, **de la natation**, **du volley** et **de l'athlétisme** 3. Jean et ses copains **veulent** faire **du VTT** 4. la **tente** 5. son **jean** et sa **casquette** 6. un **maillot de bain** et une **jupe**.

3 Qu'est-ce qu'ils peuvent faire ensemble?

1. du roller 2. de l'athlétisme 3. du canoë 4. du judo 5. de la natation 6. de la danse.

TIPPS

Das hat bestimmt problemlos geklappt: Dazu brauchst du keinen Tipp mehr!

Na, weißt du's noch?
à + le > au, z. B. aller **au collège**
à + les > aux, z. B. aller **aux Champs-Elysées**

de + le > du, z. B. les rues **du quartier**
de + les > des, z. B. une photo **des peintres**

Sprich die Reime mehrmals rhythmisch nach und präge sie dir ein:
Mon, ma, mes – ton, ta, tes – son, sa, ses:
Mon copain et **ma** copine sont **mes** amis.

Notre, nos – votre, vos – leur, leurs.
Voilà **notre** chambre et **nos** CD.
Voilà **votre** salon et **vos** BD.
Et **leur** papa et **leur** maman
sont **leurs** parents!

Nicht vergessen: Vor Vokal steht immer *mon, ton, son*, auch wenn das folgende Nomen weiblich ist!

Ganz schön praktisch: Fast alle französischen Verben haben im Plural die gleichen Endungen:
nous → -ons
vous → -ez
ils/elles → -ent
Merke dir aber folgende **wichtige Ausnahmen**:
Nous sommes, vous êtes, ils sont,
nous faisons, vous faites, ils font,
nous allons, vous allez, ils vont.

Schaut euch S. 10 im Schülerbuch noch einmal an und prägt euch die „weiblichen Sportarten" mit folgenden Sätzen ein:

Danielle fait **de la danse**.
Marie fait **de la musique**.
Nathalie fait **de la natation**.
Rosa fait **de la rando**.
Véronique fait **de la voile**.

War die Übung schwierig?
Dann schreibe die gesuchten Vokabeln noch einmal als Vokabelnetz zum Thema „les vacances" auf!

Zur Kontrolle: Übrig bleiben die zehn Aktivitäten (faire du) shopping, VTT, foot, tennis, surf, ski, rugby, handball, ping-pong, cheval.

4 Vous me comprenez?

1. **vous** 2. **nous** 3. **vous** 4. **m'intéresse**; **t'intéresse** 5. **m'intéresse** 6. **m'expliquer**; **t'intéresse**; **te** comprends 7. **t'expliquer**.

Ich verstehe **dich**. – Je **te** comprends.
⟶ Im Französischen steht das Pronomen vor dem (konjugierten) Verb!

LEÇON 2 auto-contrôle (S. 24–25)

1 Qu'est-ce qu'on dit en français?

1. La commissaire **prend son petit-déjeuner** à huit heures.
2. Aujourd'hui, elle commence l'enquête.
3. Elle **prend** le numéro de téléphone d'Alex.
4. Un peu plus tard, elle **téléphone à** Alex.
5. «Bonjour! Je ne veux pas (te) déranger, mais ...».
6. «Qu'est-ce que vous voulez?»
7. «C'est **à cause des portables**. Qui a eu l'idée **de voler les portables**? Toi, Alex?»
8. «Ce n'est pas vrai! Je **n'ai rien** fait!»
9. «Qu'est-ce que tu racontes là? Arrête, Alex!»

Die fett gedruckten Ausdrücke sind „typisch französisch" – alles Fälle für deine Kartei:
prendre son petit-déjeuner – frühstücken
commencer l'enquête – **mit** der Ermittlung beginnen
prendre le numéro de quelqu'un – die Nummer von jd. **aufschreiben**
téléphoner **à quelqu'un – jemanden** anrufen ...
Continue!

2 Vocabulaire

1. ont **volé** 2. **partager** 3. une **dispute** 4. une lettre **anonyme** 5. il **accuse** 6. **interroge** 7. la **lettre**; la **vérité**.

Sitzen die neuen Wörter noch nicht?
Erstelle ein Vokabelnetz zum Thema **„Au commissariat"**.

3 Le passé composé

2. elle a commencé 3. elle est allée; elle a interrogé 4. il a raconté 5. j'ai rencontré 6. nous avons discuté, il y a eu 7. elles sont arrivées 8. j'ai pris 9. il a poussé 10. ils sont rentrés 11. ils ont laissé.

So einfach ist Französisch: Die „Bewegungsverben" bilden genau wie im Deutschen das *passé composé* mit *être* bzw. „sein"!
Übe das mit dem folgenden *„Passé composé*-Rap":

Manon ist gegangen – elle **est allée**.
Elle **est tombée** – Mensch, tat das weh!
Sie wollte nach Hause – Elle **est rentrée**.
Elle **est arrivée**: «J'ai très mal aux pieds!»
Dort ist sie geblieben – Elle **est restée**.
Et à la fin, ses copains **sont arrivés**.

4 Ne ... rien, ne ... pas encore, ne ... plus

1. Non, je n'ai pas volé les portables. 2. Je n'ai rien fait dans les rochers. 3. Je n'ai pas poussé Frédéric. 4. Je ne suis pas encore allé à l'hôpital. 5. Je n'ai rien fait dans sa chambre. 6. Je ne suis pas l'ami de la vérité.

Nicht vergessen:
Im Französischen besteht die Verneinung aus **zwei** (ne ... pas), manchmal auch aus **drei Wörtchen** (ne ... pas encore)! Diese Verneinungswörter **umschließen** das erste (= konjugierte) Verb **wie eine Klammer** – im *passé composé* also die Formen von *avoir* und *être*.

LEÇON 3 auto-contrôle (S. 38–39)

1 Qu'est-ce qu'on dit en français?

1. Qu'est-ce que je **vais** mettre pour la fête de mon grand frère? Marie, **la petite peste**, va être là aussi ... 2. Et alors? On peut aller **en ville cet** après-midi. C'est **les soldes** (c'est la semaine des soldes), et on peut faire des affaires fantastiques. 3. Oui, tu as raison. On va voir. 4. Regarde, cette minijupe géniale! Et tu as vu le prix? 5. Quoi? Cette belle minijupe pour 10 euros? Ce n'est pas vrai! Est-ce que Marie n'a pas la même jupe? 6. Si! J'achète la (cette) jupe. **Tu vas voir la tête de Marie**!

Die fett gedruckten Ausdrücke sind „typisch französisch" – wieder Fälle für deine Kartei:

Qu'est-ce que je **vais** mettre – was **soll** ich nur anziehen?
la **petite peste** – die **Nervensäge**
Continue!

2 Vocabulaire

1. porter des beaux (nouveaux) vêtements 2. faire du shopping 3. faire des affaires 4. refermer la porte 5. essayer des nouveaux (beaux) vêtements 6. aller en ville 7. voir une copine dans la rue 8. avoir raison 9. tourner la tête.

Wenn du dir diese Ausdrücke noch nicht gut merken kannst, bringe sie in eine Reihenfolge und erzähle eine Geschichte damit. Etwa so: Lundi, après le collège, je suis allé(e) en ville. Tout à coup, j'ai vu une copine dans la rue. Elle porte toujours des beaux vêtements – elle adore ça. Alors, nous avons fait du shopping ensemble ... etc.

3 Ce, cet, cette, ces

ce matin, **cet** après-midi, **cette** jupe, **cet** anorak, **ces** chaussures, **cette** nouvelle jupe, **ce** soir, **ces** vêtements.

Präge dir die Formen von *ce, cette, cet, ces* mit passenden Nomen ein. Zum Beispiel so:
Ce lundi, mardi, jeudi,
cet élève, cet ami,
cette tête et cette casquette,
ces robes et ces chaussettes.

LÖSUNGEN | **TIPPS**

4 Les beaux adjectifs …

un garçon sympa; sa minijupe blanche; son petit pull; ses nouvelles chaussures; son jean bleu; un T-shirt noir; un pantalon gris; son nouveau pull; un jean bleu; un grand T-shirt blanc; un jean bleu; un T-shirt blanc; belle.

Zur Erinnerung:
1. Manche Adjektive haben **vier verschiedene Formen**: z.B. **blanc, vert, bleu, gris, intéressant, marrant, petit, grand, beau, nouveau**, … Bekommst du jeweils alle Formen mit einem passenden Nomen zusammen?
2. Andere Adjektive haben nur **zwei Formen**: eine für den Singular und eine für den Plural (mit -s): z. B. **rouge, sympa.**
Findest du weitere Beispiele?
3. Und dann gibt es noch ein paar Adjektive, die sich nie verändern: C'est **cool**, non?

LEÇON 4 auto-contrôle (S. 48–49)

1 Qu'est-ce qu'on dit en français?

1. Est-ce que je peux vous aider?
2. Où sont les verres et les assiettes?
3. Mmm, ça sent bon!
4. Tu me passes le sel, s'il te plaît?
5. Est-ce que je peux avoir encore de la quiche?
6. Le dessert est vraiment bon.
7. Non, merci, je n'ai plus faim.

Lies zur Wiederholung noch einmal den On-dit-Kasten „A table!" auf S. 44 des Schülerbuchs durch.

Diese Sätze sind sehr hilfreich, wenn du mal bei einer französischen Familie zu Gast bist. Schreib sie deshalb auf Karteikarten und lerne sie besonders gut!

2 Du pain et de l'eau

1. Dans le frigo, il y a encore **de la confiture, du fromage, du jambon et des yaourts**, mais il n'y a plus **de lait**. 2. Il y a encore **du thé, du chocolat et des céréales**, mais il n'y a plus **de café** et il n'y a pas **de pain**. 3. Sur la table, il y a **des oranges et des pommes**.

Spiel gegen die Uhr: Suche mithilfe der deutsch-französischen Wortliste im Schülerbuch (ab S. 181) 20 französische Wörter, die etwas Ess- oder Trinkbares bezeichnen.
Na, wie lange hast du dafür gebraucht?

3 Dormir ou sortir?

1. nous ne **partons** plus 2. il **dort** 3. tu **mens** 4. ça **sent** bon 5. elles **sortent**.

Diese neuen Verben auf *-ir* haben im Singular immer die gleichen Endungen:
je, tu → -s;
il, elle, on → -t

4 Vocabulaire

a 1. Il y a **un message** sur **le répondeur**. 2. Tu dois **ranger** ta chambre. 3. Cette nuit, j'ai bien **dormi**. Aujourd'hui, ça va **mieux**. 4. **Les enfants** n'écoutent pas leurs parents. 5. Tu peux mettre la musique moins **fort**? Ça **m énerve**!

Wenn du noch Schwierigkeiten mit den Vokabeln hast, präge sie dir durch kleine deutsch-französische Reime ein:

Voilà une maman avec ses **enfants**.	Je dois **ranger** – Oh je, oh je! etc.

LEÇON 5 auto-contrôle (S. 62–63)

1 Qu'est-ce qu'on dit en français?

1. Je voudrais un aller simple de Berlin à Paris pour samedi.
2. Il faut changer à Cologne. Vous attendez une heure.
3. A Cologne, vous prenez le Thalys à destination de Paris. Vous ne pouvez pas rater votre train.
4. Vous voulez acheter votre billet maintenant? Alors, vous pouvez avoir une réduction!
5. Voilà votre réservation. Le départ est à 11 heures 55. Vous arrivez à Paris à 23 heures 05.

Lies dir den On-dit-Kasten „Au guichet" auf S. 56 noch mal durch.

2 Vocabulaire

1. les horaires, 2. un billet, 3. un TGV, 4. un appareil photo, 5. une carte d'identité, 6. un ticket, 7. une chanson, 8. des baskets.

Erstelle ein Vokabelnetz zum Thema: *Faire un voyage.*

3 Les verbes en -re

descendre: je descends, vous descendez, ils descendent, je suis descendu(e)
attendre: j'attends, vous attendez, ils attendent, j'ai attendu
perdre: je perds, vous perdez, ils perdent, j'ai perdu
entendre: j'entends, vous entendez, ils entendent, j'ai entendu
répondre: je réponds, vous répondez, ils répondent, j'ai répondu

Schon gemerkt? Bei diesen neuen Verben sind die Endungen im Präsens ähnlich wie bei *partir, sortir*, etc. aus der Lektion 4!
Bloß endet hier die 3. Person Singular statt auf -t auf -d.
je, tu ⟶ -s
il, elle, on ⟶ -d

LÖSUNGEN

4 Quel(s), quelle(s)

1. A **quelle** heure …? Nous sommes partis à 9 heures 05.
2. **Quel** train …? Nous avons pris le TGV 8524.
3. A **quelle** gare …? Nous sommes arrivés à Paris-Montparnasse.
4. A **quelle** station …? Nous sommes sortis du métro à Charles de Gaulle.
5. **Quelles** chansons …?

5 Le, la, l', les

1. Je **les** vois bien. 2. Il **l'**embrasse. 3. Non, je ne **les** entends pas. 4. Il **le** donne à Manon. 5. Oui, elle **le** met. 6. Ah! Je **la** déteste, cette fille!

LEÇON 6 auto-contrôle (S. 74–75)

1 Qu'est-ce qu'on dit en français?

a 1. Ah! Te voilà enfin!
2. Vous savez quoi?
3. Je vous écoute.
4. Il faut faire quelque chose!

b 1. Tu as passé une semaine en Allemagne. Est-ce que l'échange scolaire t'a plu? 2. Qu'est-ce que tu as appris?
3. Comment est-ce que tu as trouvé les cours dans notre collège?
4. Je ne suis pas d'accord avec toi! (Je ne suis pas de ton avis.) Je trouve qu'en Allemagne nous apprenons beaucoup de choses importantes. Par exemple, comment on fait un exposé. 5. Merci pour l'interview. Oh! Je suis en retard! J'ai français maintenant. Tu viens avec moi?

2 Je t'écris, tu m'écris

1. ils **écrivent** 2. il **écrit** 3. il lui **dit**; ils **connaissent** 4. il **décrit** 5. tu me **dis**; nous **disons** 6. nous **lisons** 7. nous **connaissons** 8. nous **écrivons** 9. vous **dites** 10. vous **connaissez** 11. je **lis**; vous **dites**; je ne **connais** pas 12. ils **disent** 13. je leur **ai dit**.

3 Il faut leur parler!

1. Ils **lui** demandent: «On lui parle?»
2. Ils veulent **l'**aider.
3. Jean (il) **leur** répond qu'il est d'accord.
4. Ils vont **le** voir.
5. M. Boussac (il) **les** écoute.
6. M. Boussac (il) **lui** parle.
7. Mme Garcia (elle) **les** interroge.
8. Elle **leur** téléphone.
9. Paul (il) **lui** demande pardon.
10. Il **lui** apporte le blouson.
11. Jean (il) **leur** dit merci.

LEÇON 7 auto-contrôle (S. 82)

1 Qu'est-ce qu'on dit en français?

1. Tous les jeunes de mon âge ont une télé dans leur chambre, sauf moi.
2. Chez nous, c'est toujours la même chose. Je ne peux pas regarder mes films. Je suis en colère!
3. Mais tu peux acheter une télé pour ta chambre, non?
4. Je n'ai pas assez d'argent de poche pour ça. Une nouvelle télé coûte trop cher.
5. Je pense que je peux faire quelque chose pour toi. Je demande à mon frère s'il te vend sa petite télé.

2 Vocabulaire

1. **tous** les copains; **sauf** moi; un nouveau **vélo**; **coûter** cher 2. je **vends** 3. je suis **désolé**; **assez** d'argent 4. un **garage**; **gagner** de l'argent; t'**offre**; **quand**.

3 Tous les copains sont là.

1. **tous** les jours 2. **toute** la journée 3. **toutes** les copines 4. **tout** le monde 5. **tout** le chocolat; **tout** le week-end.

TIPPS

Merke dir die beiden Sätze, in denen **quel** besonders häufig vorkommt:

Tu as **quel** âge?
Il est **quelle** heure?

Merkst du was? Die direkten Pronomen **le, la, les** haben die gleiche Form wie der bestimmte Artikel:
Je vois **les** copains. → Je **les** vois. Praktisch, oder?
Wie **me, te, nous, vous** stehen auch die Pronomen **le, la, les** immer vor dem (konjugierten) Verb.

Schreibt die 12 idiomatischen Ausdrücke aus der Übung 1a auf Karteikarten und findet die deutschen Entsprechungen.
Tu n'as pas raison. – Du hast Unrecht.
Ah! Te voilà enfin! – Da bist du ja endlich!
Ce n'est pas une mauvaise idée! – Das ist gar keine schlechte Idee!

Continue:
Vous savez quoi? L'affaire est réglée. Ce n'est pas du tout important.
Je vous écoute. Vous me dites comment vous faites. Comment ça?
Ça m'a beaucoup plu. Il faut faire quelque chose!

Achtung, unregelmäßige Verben:
Vous faites, vous êtes, vous dites: Das sind die einzigen *vous*-Formen, die **nicht** auf *-ez* enden! Gut einprägen!
Und sonst: Denk bei *lire* und *dire* an das *-s-* im Plural, bei *écrire* an das *-v-*: nous lisons, disons, écrivons!

Aufgepasst: Es gibt zwei verschiedene *leur*!

Voilà les profs du collège Bellevue:
On **leur** parle du racket. – **Leurs** élèves font un projet.
Im 1. Satz ist *leur* ein indirektes Pronomen. Es verändert sich nicht.
Im 2. Satz drückt *leurs* ein Besitzverhältnis aus. Es gleicht sich an den „Besitzgegenstand", hier die Schüler des Collège Bellevue, an.

Die beiden Wörter musst du gut auseinander halten!

Wenn du Schwierigkeiten mit dieser Aufgabe hattest, dann lies noch einmal den Text der Lektion 7 und wiederhole die Übung.

Schreibe Vokabeln, die du dir schwer merken kannst, mehrfach untereinander auf ein Blatt und sprich sie gleichzeitig vor dich hin.

Schreibe die folgenden Bedeutungen von *tout* + Artikel auf Karteikarten und lerne sie auswendig:

alle – tout le monde
jeden Tag – tous les jours
den **ganzen** Tag – toute la journée
alle Freundinnen – toutes les copines

Bildquellen

AP (Dyson), Frankfurt am Main; 12.2 – Bayard Jeunesse, OKAPI, (Luc Cormillon); 9.1 – BMG France, Paris Cedex 02; 79.1 – Cité de l'espace, Toulouse Cedex 5; 67.1-3 – Corbis, Düsseldorf CB049850; 33.1 – (Alamany & Vicens); 85.1 – (Mooney); 76.1 – (Reix/Photo & Co.); 12.1 – (Reuters); 107.1 – ddp (Blank), Berlin; 11.1 – Editions Glénat, TITEUF par Zep ©; 37.1-4 – Galeries Lafayette; 60.1 – Javelle, Pierre, Paris; 2.8-10, 40.1-2, 42.1, 43.1-6, 59.1-3 – Marco Polo Agence Photographique (F. Bouillot), Paris; 2.1-4, 2.6, 10.1-2, 30.1, 34.1-4, 52.1, 77.1-2 – Modular (Steinle), Stuttgart; 2.7, 2.11, 7.1, 15.1, 16.1, 22.1-2, 65.1-3, 69.1-2, 71.1, 72.1 – Photoactive (Junker), Oberschleißheim/Lustheim; 87.1 – Picture-Alliance (dpa), Frankfurt; 12.3 – Steinle, Michael, Stuttgart; 2.5

Mit Tous ensemble abheben wie eine Rakete!

Notiere nach den Lektionen 2, 4 und 7 auf den Portfolio-Seiten, was du in Französisch schon gut kannst, aber auch, was du noch üben musst.

Wähle immer, wenn du eine Portfolio-Seite bearbeitet hast, drei bis vier Dinge aus, die du besonders gut beherrschst. Überlege dir genauso viele Vorsätze, was du in der nächsten Zeit besonders üben möchtest.

Übertrage diese ausgewählten Stärken und Ziele anschließend in das Rakete-Ariane-Poster: Es wird dein persönliches Lernplakat. Arbeite dich von unten bis zur Raketenspitze … und hebe ab!

Un dossier? Une super idée!

Besonders gelungene Arbeiten aus dem Französischunterricht solltest du gut aufheben!

Das können Texte sein (Briefe, E-mails, …), aber auch die Ergebnisse der Projekte aus *Tous ensemble* 2, z.B. das Bretagne-Poster aus Lektion 2, die selbst geschriebenen Gedichte aus Lektion 3 oder der Fotoroman aus Lektion 4 – kurz: Produkte, die du selbst erstellt hast und die mit Frankreich und Französisch zu tun haben.

Wähle deine besten Arbeiten aus und sammle sie in einer Mappe, deinem Dossier: Es wird dein „Französisch-Schatz“, mit dem du zeigst, was du kannst!

Von Zeit zu Zeit solltest du dein Dossier aufräumen: Wähle dazu ab und zu nur die zehn besten Produkte aus. So zeigt das Dossier immer deinen aktuellen Kenntnisstand.